有度

一切皆有法 一切皆有度

思索死刑

RÉFLEXIONS SUR LA GUILLOTINE

〔法〕**加缪** 著

石武耕 译　吴坤墉 校阅

在找到自己的答案之前，
我想先看看人家的

（代译序）

一、议题

我记得你那天的表情。我告诉你，我刚接的工作，是翻译一本加缪的书，你以为是小说之类的，我就大略跟你解释了一下，这其实是一篇关于废除死刑的文章。然后你安静了几秒没接话。

你的疑虑溢于言表。在你印象中，没听过我主动对这个议题发表意见。但是我却没头没脑地，就要帮别人去做他们的运动。你不明白我在想什么。

而我明白的是,我想多接触一些说法,就是因为我自己对这一切也不太明白。

我知道有些人受到冤枉。我知道世界上有些人是人渣。我知道报复不能修复损害。我知道受伤的人的确会悲痛会渴求报复。我知道我害怕行使暴力手段的政府。我知道我希望政府能替我们除去祸害。我知道有些案子疑云重重。我知道有些案子罪证确凿。许多片段的知道,堆砌起来,却变得什么都不知道了。

我不敢说我的意见,是因为我说不出一整套有头有尾、能说服自己也说服别人的意见。那么,就不要管它了,不好吗?如果是别的问题,类似相机要买佳能(Canon)还是尼康(Nikon)、大衣该选黑色还是海军蓝之类的问题,也许是无所谓的吧。没意见就没意见,把争辩的工作留给那些有热情与知识的专家,其实也不太要紧。问题是,一旦事涉生死,就容不得我们这样逃避了。因为我们都会在面临危险时感到自己对死亡的恐惧,都会在受到伤害时希望别人去死;因为我们都会自问,哪个才是我自己,或是我要选择什么样的自己。因为这关系到我们想怎么过完往后的人生、想要生存在什么样的社会。

虽然我们,我猜你也跟我一样,对于这个烦人的问题暂时还给不出那么确定的答案——我们这样才比较像正常人,不是吗——但是,确实也有些人,不但确信自己找到的答案,还很积极地想要说服别人接受他们的答案。

其中一位就是这篇文章的作者,阿尔贝·加缪。

二、 作者

我知道你读过他的《异乡人》。那本篇幅简短、语句明白、场景具象的小说,可惜没什么"剧情"。他写的其他的东西,你稍微翻过,但也不是很有兴趣。

不过，他这个人，你说不定会觉得还蛮有趣的。可能比他的作品还戏剧些。

你可以先试着搜索一下，关键字"加缪"或"Camus"。你首先会读到：他是法国作家，拿过诺贝尔奖，小说、剧本、随笔、社论都在写。他亲身投入抵抗纳粹的地下组织。然后，你会在图片那边看到一位长脸型男或叼烟、或微笑、或思索的照片。所以，这个人兼具了才华、豪迈与俊美（所以，不让人意外地，他女朋友也很多。人帅真好）。听起来好讨厌，不是吗？后来他还真的英年早逝了。

但他并不是生下来就是天之骄子。他的出生地不是巴黎，而是阿尔及利亚东部的康士坦丁，从法国内地看来偏远到不能再偏远的偏乡。他在那里成长，直到大学毕业。他的家族是19世纪就响应政府号召，前往阿尔及利亚"开垦"的那一批法国移民，但他们家并不是什么养尊处优、居高临下的殖民者，用我们现在的话来说，他们不是那种天龙人。他们是住在贫民社区的那种劳工阶级，虽然是白人，却是白人当中的底层。当时的阿尔及利亚理论上是"法国内地的一部分"，但是你不难想见，对于阿拉伯人的同化政策其实从未落实：虽然你跟你的"邻人"在同一个空间生长，但你们却过着不同的生活；你相信这里就是你的家乡，你的邻人看你却始终是"外来者"。时至今日，在世界上的某些角落，我们似乎也见过这样的情境。

他一岁的时候，爸爸就死在第一次世界大战的战场。他对爸爸仅有的印象，就是你随后在这本书的一开头会读到的"爸爸去看砍头"的故事；其实他在《异乡人》以及还没写完的《第一人》中也都用过这个桥段。或许，这段既模糊又明确、既近身又遥远的经验，逐渐形成了他对死刑的反感。不识字的寡母与外婆把小加缪拉扯大；原本，他外婆是希望他小学毕业就去干活的。多亏了小学老师坚持："你家小阿尔贝（Albert）有天分，不念书可惜啊"，还帮他找奖学金，才让他上了中学，进而半工半读念完了大学。

他的写作生涯是从新闻工作开始的。25岁那年，加缪成为了《阿尔及尔共和报》（*Alger Républicain*）的记者，主跑政治、司法、社会线，同时身兼副主笔。第二次世界大战爆发后，身在法国内地的他又投入了地下抗战报纸《战斗报》（*Combat*）的工作。这些经验让他看到更多社会百态：在报道工作上，他见到的是罪犯的面目以及法庭的实况。在抵抗运动上，与纳粹的战斗，让他体会到：将集体理想置于个人尊严之上，可以造成多大的灾难。

他一直自我认定是地中海的阳光男儿。不像那些巴黎的文人，他不会堆积华丽的辞藻、言必引经据典。他更像尼采，喜欢直指人心。他在小说、剧本、随笔等作品中一再传达的两个核心观念也不难懂，你可能也听过，就是"荒谬"与"叛逆"。不过他赋予这些关键词的含义跟平常的用法不太一样，要注意一下就是了。

这两个概念其实是扣连的。他认为，这个世界的问题在于"荒谬",而这个问题的解答就是"叛逆"。大家都活得很无奈、很莫名其妙,无论你是不是努力付出、行善积德,到头来都会死,大家都不想死但是还是得死,死了好像就什么都不剩了。他想要知道他的生命或是这个世界的意义是什么。可是他倒霉、凄惨的地方就在这里。要么,他找不到意义;要么,找到的意义很扯淡。以前,我们还能期盼神会来救我们,可是现在也没有神可以相信了。无情的时间,摧毁、抹消了我们珍惜的一切。人生到头来什么都不剩,做什么努力都是徒劳无功;就像西西弗斯,永远在推他那块烂石头。这就是"荒谬"。

一般人想到这里大概就灰心了,搞不好都去心理咨询师那里挂号了。但加缪却没有因此变得颓丧、苟且或虚无。对于荒谬的宿命,他提出的对策说来一点也不复杂:就算生命没有现成的意义,但我们还是可以勇敢面对这个事实,并活出自己界定的意义。我们不但不必放弃思考自己的生命,我们还可以有所行动,由此创造、展现自己的价值与尊严。就算没有结果，也不要放弃过程；即使没有永恒，至少还有当下。就像安西教练*说的，如果现在放弃，比赛就真的结束了。这样一来，你问心无愧、勇者无惧，就获得自由了。这就是加缪的"叛逆"。

因此，他"叛逆"的对象正是看似无可抗拒的"荒谬"。他的反叛不但没有那种目空一切的破坏性，反而有一种坚定的信念、一种积极的热情。不过，因为叛逆的终极目的是维护意义与尊严，所以必须记住：就算是为了良善的、正当的目的，也不能采取邪恶的、不正当的手段。坏事就是坏事，不管你有多好的理由，坏事就是坏事。要自我要求，时刻保持心智的清明，克制自己的冲动，记住对于原则的坚持。要顺应良心，即知即行，明知不可而为之。

依照他的观念，如果他觉得做什么事是对的，那就应该立刻起而行之，做点什么。于是他做了。

---

* 动漫《灌篮高手》中的主要人物。——编注

所以他写了这篇文章。

三、阅读

现在，我们可以一起来读他的这篇文字了。

坦白说，我第一次读到这篇稿子时，我虽然能够理解他部分的论点，但在更多的地方，我却感到一种距离，甚至有些排斥与厌烦。或许是因为，他的立场太坚定了、语调太自信了。这本书的主题是死刑，立场是反对死刑。目的则是说服像你、我、你我的亲友这种热情没他那么深、立场也没他那么坚定的平凡读者。

但是加缪自己也不是没有动摇过。他有许多投入地下抵抗运动的朋友都死在通敌政府与德国人手上，因此二战胜利、法国展开肃清时，他也一度支持死刑，主张对那些人进行"严厉的报复"。但是他很快就放弃了要仇人偿命的念头，并回归到他的原初主张：反对一切死刑。1957年，他写出了这篇《思索死刑》，自此成为废死运动的代表性文献。因为要说服的对象是20世纪50年代的法国读者，加缪列举了许多当年的时事作为例证，也提及许多当时的法国社会人所共知的常识。对21世纪的我们来说，这些掌故可能让这本书略显晦涩，但是作者意图传达的，其实只是一些并不复杂的论点。

所有反对死刑的论述都会提及"误判的可能性"，加缪的这篇文章也不例外。无论是死刑的支持者或反对者，对于"须避免司法错误、有冤案疑虑者不该判处死刑"这项观念，通常是一致认可、没有疑义的，差别只在于用什么手段来避免冤案。这是比较容易获得共识的部分。

双方争执的焦点，往往是另一个更有道德色彩的问题：为什么连那些摆明有罪的犯人都不能杀呢？在现代社会的语境中，大家常常会认为，连罪证确凿的恶徒都不杀，想必是因为要"原谅、宽容那些坏人"，要"维护罪犯的权利"。

但是加缪反对死刑的理由,至少照他自己的说法,完全不是如此。相反地,他极力跟这种论点划清界线:"我不是那种人道主义者"。换句话说,他在感性上并不同情、也不原谅那些恶徒。照他的说法,他反对死刑,是出于功利的考虑:饶"他们"不死不是为了他们,而是为了"我们"。他认为死刑不但没有正面功能,还会对人类社会造成负面影响。

所谓的正面功能,就是威慑力;加缪要证明的就是,这种正面效应并不存在。我们希望死刑能够发挥的作用,也就是威慑潜在犯罪,其实根本没用。因为"考虑到刑罚而放弃犯罪"本身就是种理智的认识,但是这对于常业犯罪没有用,因为他们的理智已经认定这种风险是可接受的;对于冲动犯罪也没有用,因为他们犯案时本来就是失去理智的。

你也许会认为,他们是本质上的突变、不良品,只是几率极低的例外;他们是禽兽、是怪物、是跟

"我们"全然不同的"东西"。但是，会这样想的你，其实是个幸运的人，因为你的生命未曾落入低谷。只是，加缪想告诉你的是，生命的境遇是说不准的：也许，平日的我们相当满意于自己的神志清明、温柔体贴，但若是某天，我们真的尝到了剧痛；当我们遭遇了心碎或绝望，被漆黑又炙热的愤怒包裹，陷入无底的自我憎恨，我们才发现，这些理智、良善竟能这样消散得无影无踪；我们的脑海中冒出莫名的、源源不绝的恶念，那样鲜明的残忍画面甚至吓坏了我们自己。即使我们用意志把它们压抑、浇熄了，我们也从此知道了，那些人在做出那些事的当口，只是顺从了心中涌现的这种冲动。我们才发现，啊，原来是这么回事啊。原来这也是人性的一种样态：我真的跟"他们"是同一种生物。"他们"可能随时随地出现在我们周遭。

当然，生物冲动永远不能当作免除责任的借口。但是，"责任"，无论是道德上的还是法律上的，是另一个问题。加缪在这里要说的是，"人就是会变成这样,事情就是会这样发生"。所以我们认为理所当然的警惕效应,在加缪看来,其实只是我们一厢情愿的想象:死刑没有威慑功能,只是我们希望它有。

在论证了死刑并无正面效应之后,加缪要谈的便是死刑带来的负面影响。他认为,死刑体现并且深化了我们(人类全体)的精神以及文明的黑暗面,因此,死刑是有害的。

你会发现,加缪很强调克制冲动的重要。他认为,我们要诚实面对人性的弱点,包括你我在内的人类共同拥有的残忍、嗜杀、冲动等野蛮的、动物性的本能,如此才能防止自己被这些本能淹没,而落入黑暗的谷底。这其中也包括我们因死刑而起的杀戮想象:想到他们被砍头(或是枪毙、吊死)就让人觉得很爽快,而且,因为那是坏人,所以我们不会良心不安。但是加缪认为,我们要提防的正是这种爽快。因此,反对死刑则是为了保护身为公民的"我们自己",为了不让我们堕落成像"他们"一样的人。他先论证,死刑并没有遏止犯罪的效应。既然如此,如果这种做法并不合乎理性与效益,那么我们杀人就只是出于仇恨与报复而已,这样的"我们"就变成了像"他们"一样,被激烈的冲动压倒理智、破坏原则的人。

也有些时候,我们支持死刑的理由并不是那么情感式的,而是更偏向理念式:我们会说,实施死刑,是为了维持治安才不得不为的无奈之举,而且我们执行死刑的方式专业而人道。所以,他花费那么多篇幅去表达死刑过程的血腥、粗鄙与残忍,并不是为了显示死刑犯很可怜,而是要读者正视"我们做了什么事"。时至今日,执行死刑的手段或许已经有所改变,但是"国家杀人"的本质是不变的:对于身为公民的"我们"来说,正因为我们是民主国家,我们的法令是由我们选出的民代制定的,所以国家的行动是我们授意、授权进行的。国家的行动就是我们的行动。我们在杀人。

于是我们就得自问：我们这样杀人是"对"的吗？我们会说，为了什么目的，可以杀掉这些人。但是加缪从根本上就拒斥这种逻辑。基于他参与对德抗战的经验，加缪认为，纳粹的暴行，来自于他们有意识地"把人当成工具"：为了达成某种理想，必须消灭低等人种。于是加缪坚持，无论目的为何，都不应该把杀人当成手段；更不应该让大家普遍认为"为了某种理由杀人也没关系"。一般民众有了这样的观念，可能会对彼此更凶残、犯下更多的杀人案；而这样的人民所支持的国家握有"杀人有理"的权力，导致的就不只是小规模的杀人越货，而是大规模的恐怖，是国家主导的政治迫害与屠杀。

最后，加缪谈到了死刑合理性的神学预设。至于生长于东亚的"我们"，就算没有基督宗教的文化背景，也可以试着从我们习以为常的观念背后的儒释道背景，来回答类似的问题："我们真的还相信天道酬勤、死后有灵、因果报应吗？如果不是，我们如何解释错判或是罪与罚不成比例的问题？"当然，我们可能也要确认一下,"我们的传统"是不是真的就像我们认为的那样。

这些就是他主要的论点了。没那么难懂,对吧。

四、 这本书

张娟芬选择"杀戮的艰难"作为她的书名。就像她想表达的,决心、下手杀掉像自己一样活生生的人,是件艰难的事。但我想,忍住不杀也是很艰难的:不然死刑存废这个议题就不会这么有争议、这么麻烦了。若要支持死刑,并接受过去有人、未来也必然有人因死刑而冤死的事实,也要认可国家有权处置人命的理念,就必须与自己的某些信念,也就是某部分的自己作战。但是克制住对于受害家属的同情心,拒绝那些受到伤害、失去所爱的人,因为心痛、绝望而亟欲实施的报复,也是与自己的作战。我们在心理上所感到的同样是种残忍、是种痛苦。不管选择哪边,都很挣扎,都会失去一些东西。所以我们才那么需要做选择的理由，即使这些理由永远都不够多。

加缪在这里说了很多理由，但那是加缪的意见，加缪的立场。我帮你听到他想说的话，但那是他的话。我自己的立场呢？我不是他，我有我的生命经验、我的语言、我的思考。没有谁的意见会完全与谁一样。他的某些观点启发了我的思考，但我也会怀疑他的某些说法。他的某些论点一开始没能获得我的认同，却在预料之外的地方应验了。也有些我关切的东西，加缪没有谈到，而我们也没机会追问他的意见了。

所以，我仍然觉得我无法用自己的名义，向你保证"相信我，这样就对了"。我说不出口。我还在找自己的答案，即使我读过了这篇加缪的文章，我仍不确定他的意见是不是我的答案。当然，我的答案也不会是你的答案。不过，如果你也还没有答案的话，我们至少可以继续思考、继续怀疑，直到找出答案为止，虽然我不太确定要找多久。我想，能做到这样也不错了吧。

最后，这篇文章的中译不管出了什么错，一定都是我的错。希望你能原谅我。

石武耕

在1914年的大战*之前不久，一名罪行格外令人发指的杀手，在阿尔及尔**被判处死刑（一户农家被他灭门，连几个孩子也未能幸免）。犯人原本是农场的雇工，他在杀人时因为见血而亢奋，将被害人的财物洗劫一空则更显出他的恶性重大。此案引起舆论一

---

*　即第一次世界大战。——译注
**　阿尔及尔市当时是阿尔及尔省的首府。彼时之阿尔及利亚尚未独立，行政上划分为阿尔及尔、欧兰、康士坦丁三省，就法理而言不属于由法国殖民部负责管理的殖民地，而是内政部辖下的法国本土省份。阿尔及尔市现为阿尔及利亚人民民主共和国之首都。——译注

片哗然。大家普遍认为，就算是判他杀头*，都太便宜这等禽兽了。有人同我说，我父亲就是这么想的，而杀害小朋友这件事又特别令我父亲痛恨。我对父亲的事情所知不多**，其中一件就是：这是他生平第一次想去看处决。他天还没亮就起床，前往本市另一头的刑场，此时刑场周围已挤满人。他从不曾告诉别人，他那天早上看见了些什么。我母亲只说，父亲飞奔回家时，神色慌乱，也不答话，就在床上躺了下来；不一会儿，就翻过身，呕吐了起来。他刚发现了，在漂亮的说辞底下，被掩盖的那关于死刑的真相。这时他还能想到的，已不是那些遇害的孩童，反而只剩那具刚被人扔上断头台斩断脖子的、仍在抽搐的尸首。

---

* 自 1792 年至 1977 年间，法国之死刑皆以断头台执行。——译注

** 加缪的父亲路西安·加缪（Lucien A. Camus）于 1914 年底在第一次世界大战西线战场身亡，小加缪当时只有一岁。——译注

我们不得不相信，这个仪式性的做法是如此骇人，以至于能压过一个单纯正直男子汉的义愤填膺，甚至这项他原本认为天经地义的惩罚，到头来却只让他感到恶心。司法的终极形态原本是要保护这个老实人才对，结果司法却只是让他呕吐，此时似乎就不好再主张，司法可以达成它的预期功能：为城邦带来平静与秩序。相反地，司法引人嫌恶的程度似乎不亚于犯罪本身，像这样再杀一次人，不但不能弥补社会大众所受到的伤害，反而会在原本的污点上又增添新的污点。正因为这事是如此的鲜活真切，才没人敢直接谈论这场仪典。而那些基于职责不得不提及这事的公务员与记者，仿佛是意识到了这场典礼表现得既煽情又不光彩，为其创立了某种惯用的术语，但也就是些经过简化的陈腔滥调而已。如此一来，我们就会在吃早餐时，从报纸一角读到：某某人犯"已经偿还了他欠这社会的债"，或是他已"付出代价"，或是"已于五点钟执法完毕"。公务员将犯人称为"当事人"或是"受刑人",或是只用缩写称他为:"那个 CAM*"。容我这样说,大家通常都只敢用低调的笔触来描述死刑。在我们这个如此讲究教养的社会里,如果什么疾病是我们不敢直呼其名的,我们就知道那是个重病。有很长一段时间,在资产阶级家庭里,因为担心听上去不光彩,所以就算得了肺结核,我们也只说大女儿的胸腔有些虚弱;明明得了癌症,却要说爸爸犯了"肿块"的毛病。至于死刑可能也是如此,因为大家都尽可能拐弯抹角地来谈这件事。死刑之于政治组织,就像癌症之于身体组织一样,差别只在于没人会说癌症是必要的。相反地,我们不介意在平时就把死刑说成一种无奈但必要的举措,因为必要,所以我们杀人也是应该的,因为无奈,所以我们绝口不提。

但我却想把这件事摊开来谈。不是我喜欢引人非议,也不是因为我天生有什么病态倾向。身为作家,

---

* 应为"死刑犯"(condamné à mort)之缩写。——译注

我始终讨厌迎合奉承；身为人，我相信：那些我们的处境中难以回避的丑恶面向，我们必须要默默地对抗它们。但若是这份沉默或是文字游戏，被用来维持某种本应节制的滥权，或某种原可宽慰的不幸，那么我们别无他法，只能把话清楚明白地讲出来，并揭穿那藏在辞藻背后的下流肮脏。法国、西班牙与英国*都是铁幕这一侧最后几个还把死刑保留起来当作镇压工具的国家，这件事也够光彩了。公共舆论漠不关心，或是只知重复别人灌输的冠冕堂皇句型，才造成了大家的愚昧无知，才使得这种原始仪式得以在我国残存至今。当想象力陷入沉睡，词汇就失去了意义；也只有一群充耳不闻的民众，才会用漫不经心的态度对待别人的死刑判决。但是，一旦我们呈现出机器的模样、让大家碰触到木材与铁片的质

---

* 本文发表于1957年。英国在1964年最后一次执行死刑，1998年完全废除死刑。西班牙在1975年最后一次执行死刑，1995年完全废除死刑。法国则在1977年最后一次执行死刑，1981年完全废除死刑。——译注

感、听到人头落地的声响，公众的想象力就会顿时苏醒，同时也会抛弃这种遣词和酷刑。

当纳粹在波兰公开处决人质时，为了不让这些人质呼喊抗争与自由之类的口号，纳粹就把他们的嘴用绷带包扎起来、再打上石膏。我们不是要把无辜受难者跟罪犯的遭遇拿来相提并论，那样太无耻了。然而，暂且不论那些不是罪犯却在我们国家被送上断头台的例子，除此之外，我们采用的办法也是一样的。我们用闪烁的言辞来掩盖这种凌虐，而这种酷刑究竟具不具有正当性，在检验过这种酷刑的实际情形之前，是根本无法确定的。我们不但不该说：死刑就是有必要，所以不用浪费唇舌，相反地，我们应该说出它实际的样貌，而且还要去辨明，既然死刑的真实样貌如此，我们是不是还应该认为死刑是必要的。

对我来说，我相信死刑不但不能带来好处，反而会带来相当的坏处，而且我必须在进入这个话题之前，就先在此坦承这个立场。要是让人误以为，我刚刚对这个问题进行了几个礼拜的调查研究，然后才得出了这个结论，那就太不诚实了。但若只是把我的信念解释成单纯的多愁善感，也不是什么诚恳的表现。相反地，我会尽可能避免这种软弱无力的慈悲心，我不像那些人道主义者那样会以此自满，因为这种慈悲心把价值与责任混为一谈，没有区分罪行的轻重，最终也使得清白无辜者丧失了他们的应有权益。与当前许多名流的观点相反，我并不相信人类天生就是一种社会动物。坦白说，我认为恰恰相反。我相信的是个很不一样的观点：今天的人无法脱离社会而生活，因为他的人身存续有赖这个社会的法律来保障。因此，社会本身必须依据一套合理而有效的等级秩序来确立大家各自的责任为何。但是法律存在的最终理由，还是要看这部法律能否为某时某地的社会带来某些善果。这些年来，我在死刑当中只见到一种连我的想象力都无法负荷的凌虐，以及我的理性所无法苟同的、一种因怠惰而造成的紊乱。我原本还担心我的感性想象会影响到我的理性判断。但事实上，我这几周以来所经历的思索探究，无一不能强化我的信念、也无一可以修改我的论证。相反地，除了那些原有的论点之外，我又增加了一些其他的新论点。今天，我绝对与凯斯特勒（Koestler）* 持相同的信念：死刑玷污了我们的社会，而那些死刑的支持者，则无法为死刑进行合理的辩护。我不必重复他的关键辩词，也不必再堆积事实与数据，因为让·布洛赫-米歇尔（Jean Bloch-Michel）** 在他的文章中都提过了，我只会发展一些推论，这些推论不但是凯斯特勒推论的延

---

* 犹太裔作家，出生于奥匈帝国治下的布达佩斯，主要以英语写作，最具代表性的作品是《正午的黑暗》（*Darkness at Noon*）。他在1955年所写的《思索绞刑架》（*Reflections on Hanging*）介绍了反对死刑的理由以及死刑在英国的实行方式。该文在翻译成法语后，再与加缪的这一篇文章集成了《思索死刑》（*Réflexions sur la peine capitale*）一书，1957年在法国出版，并于1979年以及2002年再版。——译注

** 法国作家与编辑，他为凯斯特勒的《思索死刑》撰写了前言，介绍了法国的死刑制度沿革与相关论辩的演进，以及世界上其他国家的死刑执行情形。——译注

伸，同时也会与他的推论一起证明：为何应该立即废除死刑。

我们知道，死刑支持者的主要论点就是：刑罚有杀一儆百的功能。我们砍下这几颗人头不只是为了惩罚其主人，也是为了用一个吓人的例子来恫吓那些可能试图效法的人。这个社会不是在报仇雪恨，他只是要防患未然。这个社会把人斩首示众，好让那些准杀人犯从中读出自己的下场，并因此退却。

这样的论点看似有力，却经不起以下几点的挑战：

一、社会本身就不相信自己所说的杀一儆百功能；

二、无法证明死刑阻止了任何一个决意痛下杀手的罪犯，反之，死刑对这成千上万的罪犯并无任何吓阻效果，说不定反而还让他们着迷不已；

三、就其他方面而言，死刑则构成了一个可憎的示范，而其后果是难以预料的。

首先，这社会从没相信过自己说的话。要是这社会真的相信这一套，大家就会把砍下的脑袋挂出来展示了。这社会大可用打广告的方式来宣传处决，就像平常给政府公债或者新品牌的开胃酒打广告一样。然而我们知道，我国的处决已不再公开进行，而是在监狱的中庭里、在几名为数不多的专家面前处理掉的。我们不太清楚的是这样做的理由以及开始这样做的时间。这应该是个相对晚近的措施。最后一次公开处决是在1939年，处决的对象是魏特曼（Weidmann），犯下多起命案的凶手，因其"战绩可观"而名噪一时。那天早上，大批人涌入凡尔赛，其中又有许多是摄影师。魏特曼露面之后、直到被斩首为止，被人拍下了许多照片。几小时之后，《巴黎晚报》（*Paris-Soir*）就给这条适合配饭的消息刊登了一整版的图片。巴黎的老百姓这才晓得，刽子手操作的那一架轻巧精密机器是如此不同于大家印象里的那组古董刑具，那个差距就像捷豹（Jaguar）跑车跟我们的德迪翁布东（de Dion-Bouton）老爷车*之间的差距一样大。行政机关与政府首长非但没有依照大家的期望趁机打一回精彩绝伦的广告，反倒抨击媒体是在迎合读者的虐待狂本能。从此便决定不再公开进行处决，此一措施稍后也使得占领当局**的工作变得更加轻松。

在这件事情上，立法者的逻辑是说不通的。相反地，应该要额外颁个奖章给《巴黎晚报》的主编，好鼓励他下次再接再厉才对。要是我们希望刑罚有警世效果，我们不但要大量加印照片，还应该把相机架在断头台上面拍，刑场要设在协和广场，时间就选在下午两点，把大家通通叫来，还要用电视转播好让不能

---

* 在本文写作的1957年，捷豹跑车是尖端科技的代表。德迪翁布东车厂成立于19世纪末，首先生产的是最早一代的蒸气汽车。这种汽车以煤炭、木材和纸片当燃料，必须燃烧半个小时，才能产生足够的蒸气发动汽车。在改采内燃机引擎之后，该公司陆续推出的3.5马力与4马力汽车都在市场上造成轰动；1900年时已是世界上最大的汽车商。——译注

** 第二次世界大战期间，包括巴黎在内的法国北半部与西海岸被划为"占领区"（La zone occupée），由德军直接实施军事统治。——译注

到场的人也能躬逢其盛。要是做不到这些，就别再提什么警世效果。大半夜偷偷摸摸在监狱中庭宰个人，能警什么世？最多就是定期告知这些公民，要是他们哪天杀了人，他们就会死；可是就算他们没杀人，他们早晚还是会死啊。若想要这刑罚真有警世效果，这个刑罚就必须让人害怕。布弗里（Bouverie）是1791年的民意代表，同时也是公开处决的支持者，他在国民议会*演讲时就要有逻辑得多："一定要有恐怖的景象，才镇得住老百姓。"

时至今日，原本的示众景象，已变成大家只能经由道听途说得知的惩罚，接着，再逐渐变成掩藏在委婉形式底下的处决新闻。既然我们都这么处心积虑地想把这种惩罚变得不着边际了，一个准罪犯在作案时又怎会把它铭记在心呢？！如果我们真的渴望这项惩

---

* 1789年5月召开三级会议，6月部分议员召开国民议会（Assemblée nationale），7月国民议会更名为国民制宪议会（Assemblée nationale constituante），随后爆发法国大革命。当时路易十六仍为法国国王，国民制宪议会则为实际上的立法暨行政机关，直到1791年解散为止。——译注

罚能让他永志不忘、抵消他心中的冲动、继而放弃那盛怒下的决定，难道我们不该穷尽一切影像和语言工具，设法让这项惩罚及其造成的惨状，在所有人的感受当中凿下更深的刻痕吗？

与其遮遮掩掩地说：某某人在哪天早上为他欠社会的债付出了代价，还不如趁这么个好机会提醒每个纳税人，往后有些什么招式等着伺候他们，其细节又会是如何如何，这样效果应该会更好吧？若要发挥警世的功能，与其只是说："如果你杀人，你就要在断头台上付出代价"，还不如告诉他："如果你杀人，你就会被扔进大牢蹲上几个月或几年，徘徊在彻底的绝望以及无尽的恐惧之间，直到有天早上，我们偷偷潜入你的牢房，事先脱掉了鞋子，好把恐慌了整夜才终于睡死的你给吓醒。我们会压在你身上，把你的双手反绑在背后，如果你有衬衫领子跟头发的话，就用剪刀把你的衣领跟头发都剪掉。为求万全，我们还会用皮带把你的手臂也捆住，这样你才会弯下腰，露出你干净的脖子。接下来我们会撑住你两只手臂，让你的双脚在后边拖着,这样拖着走过一条条长廊。然后,在夜空下,一名刽子手会抓牢你的裤裆,将你沿着水平方向扔上一块板子,接着另一名刽子手确认你的脑袋有没有好好卡在圆孔里,而第三名刽子手则会从220公分高的地方放下一把60公斤重的铡刀,让它像剃刀一样割断你的脖子。"

为了让这示范的效果更好,为了让这示范所带来的恐怖能够成为一股够盲目、也够强大的力量,以适时克制我们每一个人那难以压抑的杀戮欲,我们就必须更进一步。我们该做的,并不是用我们独有的那种故作轻松的态度,来吹嘘我们发明了这种快速而人道的处决方式①,我们该做的是发行成千上万的书册,并要求各级院校研读这些描述罪犯伏法后尸体状态的证言与医学报告。我们尤其建议要刊印与散发由皮埃德列弗(Piedelièvre)医师与福尼尔(Fournier)医师

---

① 依照乐观的古约坦(Guillotin)医师的说法,犯人应该没有任何感觉。最多就是"脖子轻轻凉了一下"。

发表在最近某期国家医学学会*通讯上的研究。这些勇敢的医生是以科学研究的目的被找来，要在行刑后检验死囚的尸首，他们的工作就是从这些可怕的观察当中归纳出一个结论，而这些医生是这样认为的：

> 如果要我对这个议题发表见解的话，我想说的是，这种场景让人难受，到了恐怖的程度。颈动脉切断后，血液随着动脉的节奏从血管流出，再凝结起来。全身肌肉收缩，颤动得惊人；肠子翻动，心脏的运动也变得混乱、零落且吓人。过一段时间嘴巴会收紧，撅成一种可怕的样子。在这颗砍下的脑袋上，双眼是凝滞的，瞳孔也放大了；这双眼睛用不幸的眼神注视着，就算从这眼里看不出纷乱，也还没出现尸体的混浊，这双眼

---

* 法国的国家医学学会（Académie nationale de médecine）为一学术组织，亦向政府提供咨询服务。前身为路易十八于 1820 年创立的皇家医学学会（Académie royale de médecine）。——译注

睛却也不再活动了；它还有活人眼睛的澄清透明，但却已有了死亡的凝滞。在这些好好的人身上，这一切可以持续几分钟，甚至几小时：死亡并不是一瞬间的事……头砍掉之后，个别的生命成分却还未都死去。对医师来说，留下的只有关于这一恐怖经验、杀人解剖、与随后草草掩埋的印象而已。①

在看过这份骇人的报告之后脸色还不发白的读者，我想应该不太多。所以我们可以信赖这份报告的警世力与威慑力。再加上足以佐证医师观察的目击者报告，也未尝不可。传说中，在砍下夏绿蒂·科黛（Charlotte Corday）*的头后，刽子手把她的头拎起来扇了一耳光，而她竟然还会因愤怒而脸红。当我们听过最近的那些死刑目击者所做的描述后，这件事就不

---

① *Justice sans bourreau*（《没有刽子手的司法》），no. 2, juin 1956.

* 夏绿蒂·科黛因为刺杀了雅各宾派的领袖马拉（Jean-Paul Marat），而被革命法庭送上断头台。大卫（Jacques-Louis David）的名画《马拉之死》描绘的就是这场暗杀。——译注

会让我们惊讶了。有位助理刽子手——这种人应该没什么沉溺于抒情与多愁善感的嫌疑——如此描述他不得不看的情景:"我们扔到铡刀底下的那个人近乎疯狂,就像是严重的震颤性癫痫发作一样,激烈抖动不止。头颅很快就死了。身躯就像是有几条绳索在急速拉扯,顿时反弹起来,落入一旁的长篮中。20 分钟后,到了坟场,身躯都还在微微颤抖。"① 安康(la Santé)监狱现任的神父德瓦约(Devoyod)——他似乎并不反对死刑——也在他的书《轻罪犯》(*Les Délinquants*)② 里面记载了一段重要的描述,重写了一遍郎吉耶(Languille)的故事,也就是传说中脑袋都落地了,别人喊他名字他竟然还能答话的那个受刑人③:

> 处刑那天早上,受刑人的情绪相当差,而他也拒绝了宗教仪式的协助。我们都理解

---

① Publié par Roger Grenier,*Les Monstres*(《怪物》),Gallimard. 引述内容是可靠的。
② Éditions Matot-Braine,Reims.
③ 1905 年发生于卢瓦雷(Loiret)省。

他的心意以及他对他那基督信仰虔诚的太太所怀抱的感情，我们就对他说："去吧，看在您对太太的爱的份上，就请您在死前祷告片刻吧"，犯人接受了。他在带有受难耶稣的十字架前沉思许久，然后他似乎就不再介意我们的存在了。当他被处斩时，我们和他的距离很近；他的头掉进放在断头台前面的凹槽里，躯体也马上放进了篮子里；异于一般程序之处则在于，人头都还没放进去，他们就先把篮子给阖上了。直到篮子重新打开之前，行刑助手都得捧着死者的头；但是，在这片刻里，我们有机会得见，受刑人的双眼用一种哀求的眼神紧盯着我看，像是在请求原谅一般。出于直觉，我们划着十字为这颗首级祈福，因此，接着，那双眼睛眨了眨，神情变得柔和了，然后他那仍旧生动的视线才开始变得无神……

读者会依照各自的信仰来看待神父提出的解释。

至少，这"仍旧生动"的眼神是足以直指人心，无需多作说明的。

其实我还可以再提供其他同样惊人的证词。但我不能再这样讲下去了。毕竟，我根本不认为死刑具有警世作用，况且在我看来，这种酷刑说穿了也就是种粗暴的手术，执行时的周遭情形则使死刑失去了所有教化意义。相对的，从中看出了其他意义的这个社会与国家，却能顺利面对这些细节。那么，既然他们都强调死刑的威慑效果，他们就更该试着让大家都来面对这些细节才对，这样才能让所有人都无法忽视这些警告，才能一直使全民感到害怕、都变得安分守己。除此之外，就凭这种偷偷摸摸的榜样，就凭用这种被包装得既舒服又迅速、总之还没癌症可怕的惩罚，就凭这种用华丽的辞藻妆点过的酷刑，我们到底想威胁谁、吓唬谁？肯定不是那些被视为循规蹈矩的人（有些人也的确是），因为他们这个时间还在睡梦中，既然什么触目惊心的场景都没看到，当然也就得不到什么警示了。死囚曝尸的时候他们还在吃早餐面包，要等到他们在报上读到一篇假仁假义的公报之后，他们才会得知司法正义的实行成果，但这篇公报也会像砂糖一样，在他们的记忆中溶解于无形。然而却有那么高比例的凶杀案都是这些温和的人所犯下的。在这些正人君子里面，有很多人根本没发现自己是罪犯。根据一位法官的说法，在他所知的杀人凶手当中，绝大多数在早上刮胡子的时候也没想到他那天晚上会杀人。所以，为了兼顾威慑力与安全性，不但不应该遮掩死囚的脸，反而要挥舞给所有早上刮胡子的人看才对。

但他们根本没有这样做。国家不但对处决加以掩饰，还装做没听见这些记载与证言。也就是说，国家根本就不相信死刑的威慑价值，不然就是只因为传统才这样做，而且还懒得花点力气稍作反省。我们杀掉犯人，只是因为我们几百年来都这么干，而且我们连杀他的方法都是18世纪末就规定好的。我们援例重新引用一些几百年前风行一时的论点，但这却有违因公众感受之演进而必然造成之种种革新。我们执行一条法律，却从不讨论其合理性。我们引用的理论连用刑者自己都不相信，却以这个理论的名义，让这些犯人死于旧习成规。如果用刑者相信这个理论，那么这个理论不但要为人所知，应该还要为人所见才对。但是大加宣扬此事会唤起的虐待本能，不但其后续效应难以估计，且这一本能须等到新的杀戮发生时才会满足而平息。除此之外，这种宣传还可能在舆论中挑起人们的反感与厌恶。如果这些处决的事例在民众的意象中化成鲜活的画面，以后要再这样以生产线的方式处决就会变得更困难。谁要是在品尝咖啡时读到罪犯伏法云云，他就会把咖啡全吐出来。而我所引用的这几段文字也可能会让某些刑法教授显得难堪，他们显然无力为这种过时的刑罚辩护，而他们安慰自己的方式，就是引用社会学家加百利·塔尔德（Gabriel Tarde）* 的说法，宣称：让他死但是不让他痛苦，总好

---

* 塔尔德（1843—1904）是法国社会学家与犯罪学家，他认为社会过程是每个人互动的总和，因此社会学也是心理学的延伸。——译注

过让他痛苦但是不让他死。这就是为什么我们应该赞扬莱昂·甘必大（Léon Gambetta）*的立场，他本人是反对死刑的，但是当一项禁止公开宣扬处决的法案推出时，他却反对这项法案，而他在投票时做了这样的声明：

> 如果各位消灭了这恐怖的景象，如果各位要在监狱内部处决人犯的话，各位就会扑灭这几十年来迸发的公众义愤，而各位也就巩固了死刑。

也就是说，要杀人就应该公开杀，不然就得承认，我们其实不觉得自己有权利杀人。如果社会要用杀一儆百的必要性来为死刑辩护，就应该用大张旗鼓的方法来佐证自己的说辞才对。社会每次都应该高举刽子手的双手，并强迫那些娇贵的公民看清楚；而其他那些促成了这场行刑的人，无论远近，也都应该看

---

* 甘必大（1838—1882）是法国政治家，1881年任总理兼外长，1882年遇刺身亡。——译注

一看。不然的话，社会就得承认，自己在杀人的时候其实也不知道自己在说什么或是做什么，社会其实也知道，这些令人反胃的仪式非但不能吓唬住民间舆论，反而会在民间激起犯罪，或是使其陷入慌乱不安。即将退休的资深审判长法尔科（Falco）先生勇敢的告白值得我们在此引述：

> ……在我的职业生涯当中，只有一次的判决是反对减刑，并且支持将罪犯处死。我本来以为，虽然我就是判他死刑的法官，但我还是可以沉着平静、心安理得地见证这场处决过程。毕竟那个人也没什么好同情的：他虐杀自己的幼女，最后还把她扔进一口井里。唉！在他被处死之后好几个礼拜，甚至好几个月，我每晚都还因为这段回忆而睡不好……我跟大家一样经历过大战，也见过无辜的年轻人丧命，但在看过此等骇人的场面后，我敢说我从没感受过这样的良心不安，

而我们把这种用行政程序进行的谋杀称为死刑。①

但,无论如何,既然这种威吓根本不能阻止犯罪——就算真有效果也是看不见的——为什么这个社会还相信它有用呢?首先,死刑就无法威慑那些本来并不知道自己即将杀人的人,他们是在一瞬间下定了决心,并且出于盛怒或是一时钻了牛角尖,才会着手犯罪的。其次,死刑也无法吓阻那些将别人约出来谈判的人,带上凶器本来只是想吓唬一下变心的情人或情敌,结果却真用上了,而他一开始也不想杀人,或者觉得自己不想杀人。简而言之,死刑无法吓阻那些不知不觉就陷入犯罪情境当中的人。所以在大部分情况下,死刑可以说是无用的。当然我们也得承认,在我国,因为这类情形而被判死刑的人并不多。但光是这个"不多"就已经够吓人了。

如果说死刑的目标是对常业罪犯发挥作用,那么

---

① *Revue Réalités*(《现实杂志》),no. 105,octobre 1954.

死刑至少可以吓到这些人吧？但也并非如此。我们可以在凯斯特勒的文章里看到，在英国还会处死扒手的年代，照样有扒手躲在围观绞刑台的人群当中作案，尽管看台上吊死的正是他们的同行。20 世纪初在英国进行的一项统计显示，在 250 名被处决的死囚当中，有 170 名曾经自行观看过一到两场的公开处死仪式。就算是在 1886 年，在 167 名陆续进了布里斯托尔（Bristol）监狱的死刑犯当中，也有 164 名曾经观看过至少一次的处决。在法国已经无法进行这样的调查了，因为这里的处决已经是以秘密的方式进行的。不过这些调查也让我想起，我父亲去看处决的那天，在他周围一定有为数不少未来的犯罪者，而这些人是不会吐的。威慑力只对胆怯的人有效而已，这种人本来就不敢犯罪，但是对于那些本来应该矫正却怎样也矫不正的人来说，这个威慑力就变弱了。在本书*以及一些专门著作中，我们还会看到最有说服力的一些

---

* 指的是本书法文原版所附布洛赫所写的法国死刑介绍，以及关于世界各国废除或执行死刑的资料。——译注

相关数据与事证。

然而我们不能否认，人总是怕死的。剥夺生命当然是最极致的刑罚，且必定会刺激出人们决绝的惶恐。对死亡的惧怕涌自生命最晦暗的深处，而这惧怕也折磨着生命；当生存的本能受到威胁时，人们就会在极度焦虑中陷入慌乱与挣扎。因此立法者有充分的理由认为，他们制定的法律可以对人类天性中最神秘也最强大的原动力之一发挥影响。然而法律总是比人性来得单纯。法律本应厘清复杂的事情，但是当法律为了支配人性而在人类的这个盲区摸索前进时，面对这样的复杂性，法律显然是无能为力的。

如果对于死亡的惧怕是不言自明的，我们同样也难以否认，即便这个恐惧如此巨大，却还是浇不熄人类的激情。培根说得有理：世上没有微弱的激情，它的强度必定足以面对、甚至克服我们对死亡的恐惧。复仇、爱、荣誉、痛苦、对其他事情的恐惧，都足以胜过对死的恐惧。对某人的爱或者对某国的爱、对自由的狂热都可以做到的事，贪婪、憎恨、嫉妒怎么就做不到了呢？几个世纪以来，死刑时常伴随着一种野蛮的文雅，并试图与犯罪对抗；然而犯罪却无法禁绝。为什么会这样呢？因为法律以为，人类的各种本能可以保持某种平衡的状态，然而这些本能却是互相冲突的，其中有许多股不同的力量交替取胜或消亡，是这种连续不断的不平衡才滋长了精神的活动，就像电振荡一样，靠得够近就可以形成电路。想象一下，我们在一天之内经历了多少次来回于欲望消长之间、决心有无之间的震荡；将这些消长变换放大无限倍，就约略可见整体的人类心理是怎么回事了。这些不平衡通常变化多端、捉摸不定，以至于其中没有任何一种力量可以单独支配一整个人。但有时，其中一股心灵力量会挣脱枷锁，并充满整个意识领域；此时不管是生存本能还是其他本能，面对这股势不可挡力量的压制，也都无法抗衡了。要让死刑拥有真正的威慑力，就必须改变人类的天性，让人性变得像法律本身一样稳定且冷静。但是，要真有这样的人性，只怕也跟静物画中的死物没有两样了吧。

可人性并非如此。这就是为什么，对于那些没能在自己身上看到或是感觉到人性复杂面的人来说，他们会对这件事感到惊讶，那就是通常凶手在杀人时都不觉得自己在犯罪。在真的受审之前，所有罪犯都以为自己是无罪的。他就算不认为自己有权利杀人，至少也认为他杀人是出于形势所逼、迫不得已，应该可以获得谅解才对。他没有想过，也没有预期过受审这件事；就算想过，他预期的也是别人会完全或部分原谅自己。他都已经觉得自己不太可能会死了，怎么还会害怕呢？他是在受审之后才怕死的，在犯案前并不怕死。如果真要有威慑效果，法律就不能留给凶手任何机会，事先就把法律修得严酷无情，无论什么特殊情形都没有减刑的余地。在我国，又有谁敢这样去主张呢？

就算要这样做，也还要考虑人性中的另一种矛盾现象。生存也许是根本的本能，但还有另一种同样重要的本能,学院派的心理学家却避而不谈,这就是死亡的本能,这种本能有时会想要毁灭自己与别人。杀人的欲望有可能与让自己死去或消灭的欲望一起出现。① 存续的本能就这样,或多或少,被毁灭的本能给压过去了。只有毁灭本能才能解释,为何会有那么多的错误行为,从酗酒到吸毒,都让人即使明知下场为何,却依然走向毁灭。固然,是人都想活下去,但我们不能期待生存欲望可以约束人类的所有行动。人也会想要归于虚无,想要事情变得无可挽回以及为了死亡而死亡。因此,有些时候,罪犯想要的不只是犯罪,他还要随之而来的不幸,甚至是极大的不幸。当罪犯的这种诡异欲望膨胀起来,进而支配了他的行动时,死亡威胁不但无法阻止他犯罪,反而还让他更疯狂。于是他把杀人当成了某种寻死的方式。

---

① 我们每周都可以在报章杂志上读到一些案例,罪犯首先犹豫的是要自杀还是杀人。

借由这些人性的特点,我们就可以解释,为什么像死刑这种看似精心规划、能使普通人敬畏的刑罚,其实完全经不起大众心理学的考验。毫无例外,所有的统计数据都显示,无论在废除或保留死刑的国家,死刑的存废与犯罪率之间都没有关联性。① 犯罪率并未因此增加,也没有因而减少。有断头台在的地方,也一样有犯罪;在这两者之间并无其他的显著关联,把这两件事连结在一起的只有法律而已。统计报表已经给出了详尽的数据,而我们可以从这些数据中归出的结论就是:在好几个世纪的时间里,就算犯的不是谋杀罪也会被判死刑,但是用了那么久的极刑,却未能消灭这些犯罪。几个世纪以来,我们已不再用死亡来惩罚这类犯罪。但是这些犯罪的数量却也没有增加,有些甚至还减

---

① 出自1930年英国特别调查会(Select Committee)之报告,而最近英国皇家委员会(Royal Commission)也重启了相关研究:"我们检视过的所有统计数据都证实,废除死刑不会引起犯罪案件的增加。"

少了。同样的,我们几世纪以来都用死刑来惩罚杀人犯,然而该隐*一族却并未因此消失无踪。在那 33 个已经废除死刑或者不再执行死刑的国家,凶杀案的数目到头来也没有增加。谁能由此推论说,死刑真有其威慑效力呢?

就算是保守派也无法否认这些事实与数据。他们最后能给出的唯一回应倒是很值得玩味。这种回应可以解释一个社会的矛盾态度,这个社会一边细心地掩饰那些处决案例,一边声称那些案例足以警世。保守派还会说:"死刑的警世作用是无法证明的;没错,成千上万的凶手没有为之却步。可是我们也无法得知哪些人因此受到了吓阻;所以也不能证明死刑没有警世效果。"因此,这种最严重的刑罚,虽然是对囚犯的终极惩处,又赋予了社会最高

---

* 该隐是亚当与夏娃的长子,也是第一个由人所生的人。他因为上帝看中的是弟弟亚伯的供品而愤怒,杀害了亚伯。上帝放逐了该隐,却禁止其他人杀害该隐。因此该隐的名字有"杀人者"的含义。——译注

的特权，但他的基础也不过是一种无法核实的可能性而已。然而，人死了就是死了，所以死亡是没有程度或几率的差别的。死亡，将包括罪刑与尸首在内的所有事物都固定了下来，使其无可回转。但是在我国，竟然是以几率、假设等名目来行使死刑的。就算这个假设是合理的，但是在给人确切的死亡之前，难道不该先提出某种确切性吗？事实上，囚犯被一刀两断，与其说是因为他所犯的罪，还不如说是：依据过去所有相同或不同的犯罪以及未来所有相同或不同的犯罪，所以才会拿他开刀。结果，这最无可挽回的确定，竟是由最虚无缥缈的不确定所造成的。

对如此危险的矛盾感到惊讶的人不是只有我而已。国家自己深知这个矛盾，而这份良心不安则反过来解释了他态度上的矛盾。国家始终避免为这些处决做宣传，是因为在事实面前，国家无法断言：死刑曾经发挥过吓阻罪犯的效果。国家无法逃脱贝卡利亚

(Beccaria)* 所指出的两难。他写道:"如果说不时向民众展现权力的证明是重要的,那就应该常常使用酷刑;但这必须要犯罪也常常发生,而这就证明了死刑完全不能给人留下它应该有的印象,由此可知死刑是既无用又必要的。"对一种无用却又必要的刑罚,国家不便废除,只能把它藏起来,不然还能怎么办呢?国家只好把死刑给保留下来,却又尴尬地不太使用,并盲目地期待着也许哪天会有个什么人,因为考虑到刑罚而中断了杀人的行动,这样就可以证明,这条既不合乎理性又不合乎经验的法律是正确的,虽然也没人会晓得这件事。为了继续宣称断头台有威慑效果,国家不得不通过许多确切的死刑(杀人),以避免发生某件未知的杀人案,而国家连这个案子到底有没有机会发生都不知道、也永远都不会知道。这真是条奇怪的法律,它只管自己造成的杀人,却永远不知道它

---

* 贝卡利亚(1738—1794)是意大利哲学家、法学家,犯罪学古典学派创始者。著有《论犯罪与刑罚》(*Dei delitti e delle pene*)。——译注

阻止了什么谋杀。

如果死刑还有别种已经证实的确切效力,那就是使得人类堕落到耻辱、疯狂与凶杀的境界了,那么这个杀一儆百的效力又还有什么意义呢?

我们能找出这些场面在民间舆论当中引起的示范效应,死刑所唤醒的虐待狂心理在此显现,而死刑也刺激出某些罪犯的可怕虚荣心。在刑场周围毫无高贵可言,有的只是反胃、鄙视以及最低等的爽快而已。这些作用早已为人所知。为求体面,先是把断头台从市政厅前的广场上搬到栅栏后方,然后再移到监狱里。而我们也不太知道,那些基于职务而必须参与这般场面的人会有什么感想。那么我们不妨听一听这位英国典狱长的说法,他承认他有一种"尖锐感受的个人羞愧",另一位礼拜堂神父也称之为"恐怖、惭愧与羞辱"。① 我们尤其要揣摩一下那些因履行职务而杀人的人,也就是刽子手,会有的感受。这些将断头台

---

① 特别调查会(Select Committee)报告书,1930。

称为"吃饭的家伙"、将死刑犯称为"客户"或"包裹"的公务员到底是怎么想的。也可以看看陪伴了超过三十名死囚的贝拉·朱斯特（Bela Just）神父是怎么想的，他写道："这些执法者满嘴脏话，都不输于那些普通罪犯的黑话。"① 此外，也来看看我们的助理行刑手对于他因为调任而来往于外县市有何想法："我们踏上旅程的时候，真可以说是轻松愉快。我们搭的是专车，上的是高级餐馆！"② 在吹嘘刽子手启用铡刀的身手了得时，他还这么说："我们可以爽一下，就是抓住客户的头发往上拉。"这里所表现出的放肆还有其他更深刻的面向。犯人的衣服原则上都属于行刑手。戴布勒（Deibler）老爹把这些衣服都挂在一间木板搭成的棚子里，并不时前去欣赏*。还有更严重的。我们的助理行刑手是这样表述的：

---

① Bela Just，*La Potence et la croix*（《绞架与十字架》），Fasquelle.
② Roger Grenier，*Les Monstres*，Gallimard.
* 原书此处斜体为作者所加。——译注

新来的行刑手已经迷上了断头台。他有时会在家待上好几天，坐在一张椅子上，做好准备，帽子戴在头上，大衣穿在身上，一心等候部长的传唤。①

是的，像刽子手这种人的存在，就如同约瑟·德·迈斯特（Joseph de Maistre）* 所说的，必须经过一道有神圣力量支持的特别法令来特许，否则就会使得"秩序让位给浑沌、王权沉沦崩毁、社会瓦解消失"。社会赖以消灭罪犯的就是这种人：让刽子手来负责签署出狱证明，这时社会就可以将一个自由人丢给刽子手去收拾了。而立法者所想象的这种高尚而庄严的示范，至少会带来一种确定的效果，那就是压抑，甚至摧毁了那些参与其中者的人性与理性。人们会说，只有那些与众不同的家伙才会把这种堕落当成事业、投入其中。等他们得知有上百人自愿无偿担任行刑手，

---

① Roger Grenier，*Les Monstres*，Gallimard.
* 迈斯特（1753—1821）是萨伏衣公国（当时尚未并入法国）与萨丁尼亚王国的保守派、反启蒙思想家。——译注

就不敢多说什么了。我们这一代人，在见证了这几年的历史之后，就不再会因为这种消息惊讶。他们知道，在最平静也最亲切的脸孔背后，沉睡着虐待与杀人的本能。这种号称可以威慑未知凶手的惩罚，是把杀人工作交付给一群可以确定的妖魔鬼怪。既然我们要用可能性的观点来替最残酷的法律辩护，我们也可以说，在这几百个自愿行刑遭拒的人之中，也有人会使用其他的方法来填满他被断头台唤醒的嗜血本能。

因此，如果人们想维持死刑，至少也不要再提警惕作用这种虚伪的理由了。让我们来正视这种我们不愿声张的刑罚：既然是正直的人，这个威慑对他们就没有作用可言；死刑要威慑的是那些不再正直的人；死刑还会使那些参与其中的人变得更加堕落而放纵。死刑是种酷刑，而且是种骇人听闻的，既是身体上也是道德上的酷刑，但死刑并不能发挥任何确切的警惕效果，最多就是示范了道德的败坏。死刑可以制裁恶人，却无法预防他们作恶，这还没算上死刑反而会激起杀戮本能的情形。死刑无法发挥应有的社会功能，它只在几个月乃至几年当中对死囚的灵魂有作用，并在我们把他一刀两断，既绝望又暴力的时刻里，对犯人的身体有作用。面对现实吧！别无他意，只是说出实情而已，我们终究只能承认，死刑从本质上就是一种报复。

这种只能制裁却不能预防的刑罚，它真正的名字就是报复。我们的社会对于那些侵犯其根本法则的人，作出了这种几乎是算术式的回应。这个回应就跟人类本身一样古老：它就是以牙还牙。伤害我的人就应该被伤害；戳瞎我一只眼睛的人也得变成独眼龙才行；杀了人的就得死。这不是出于理性的原则，而是种特别暴力的情感。以牙还牙属于自然而直觉的层次，而不是律法的层次。根据定义，律法与天性所遵循的并不是相同的规则。就算杀人是人类天性的一部分，律法也不是制定出来用以模仿或复制这种天性的。制定律法就是为了纠正这种天性。但是，以牙还牙论只是任凭纯粹的天性冲动使用法律的力量而已。通常是出于羞耻感，我们都已经认识了这种冲动，也都知道这种冲动的力量：我们身上的这种冲动来自原始丛林。从这一点来看，我们这些其他的法国人虽然会因为看到石油大王在沙特阿拉伯一边鼓吹国际民主一边交代屠夫砍掉小偷的手而感到气愤难平，但我们自己也活在没有坚定信念的某种中世纪里。我们还是在使用从某种粗暴逻辑①推出的那些规则来界定何谓公平正义。那么，我们可以这样说吗："至少这种逻辑是中肯的，就算这只是种建立在合法报复上的粗糙正义而已，但也只有死刑，才能保障这种正义"？答案是：不可以。

如果我们依照以牙还牙原则，把纵火犯的家烧掉，就显得太过分了，但若只是从小偷的银行账户里

---

① 我在几年前曾经请求赦免六名突尼斯的死刑犯，他们因为在暴动中杀害三名法国宪兵而被判处死刑。命案发生时的情形使得责任归属难以厘清。总统府的回函通知我，有关单位认为我的请愿值得考虑。不幸的是，早在我收到这封回函之前两周，我就已经读到了判决执行的消息。三名囚犯被处死，另外三名则获得了特赦。决定特赦这些人、而不是那些人，提出的理由却不是很有把握。也许，非判三个死刑不可，只是因为要给三个被害人偿命而已。

没收他偷走的金额，又显得太不足了，所以这个原则是不适用的，但我们先不去管这些。就算我们承认，用凶手的一条命来偿还被害人的一条命是公道且必要的，死刑的意义也不仅仅是死亡这么简单。死刑从本质上就不同于单纯的剥夺生命，就像集中营也不同于一般的监狱。死刑大致来说就是谋杀，从账面上打平了死囚自己所犯下的谋杀。但是死刑在死亡之上又外加了一些东西，那是一种由成文规章规定的处罚，是一种为准被害人所知的公开预谋，也是一种有组织的行动，而这些事又形成了一种比死亡还要可怕的道德苦难。因此世上并没有其他事物能与其相比。许多法规都认为，预谋犯罪的罪行要比单纯的暴力犯罪来得更为重大。可是死刑这种谋杀，在预谋详尽的程度上，难道不是超越了任何最精心计算的犯罪吗？如果要做到一报还一报，那么死刑惩罚的罪犯应该也事先向被害人预告过，要在什么时候用恐怖的方法杀他，而且从那时起还要先任意监禁他几个月再杀。可是在一般人的生活里是碰不到这种妖魔的。

当我们的御用法学家还在大谈所谓无痛死亡的时候，他们其实不知道自己在说什么，而他们尤其缺乏的就是想象力。我们在几个月甚或几年的时间①当中强加给囚犯的、毁灭性且可耻的恐惧，对囚犯来说是种比死亡更可怕的刑罚，而罪案的被害人并不曾遭逢这种恐惧。虽说被害人也面临了致命暴力造成的惊骇，但通常是在还不清楚发生什么事的时候就死去了。被害人在死前这段时间也会感到恐怖，但他没时间去希望自己能逃离眼前这突如其来的噩运。相反地，对死刑犯来说，恐怖是很清楚详细的。他们轮流接受希望以及绝望的折磨。律师与神甫是出于单纯的人道关怀、监狱警卫则是为了让犯人安分好管理，所以他们众口一词地向囚犯保证他会得到减刑。犯人一开始是认真相信的，后来就再也不信了。或者他在白

---

① 法国解放时被判死刑的罗蒙（Ro emen）在处决前被关了七百天，堪称可耻。适用普通法的受刑人通常要等待三到六个月才会等到他们的死期。如果我们还想替他们保留一些生还机会的话，那么想要提前受死也是很难的。但我可以作证，在法国，会对特赦请求进行慎重的审查，只要是在法律与风俗许可的范围内，人们总是希望可以给予特赦。

天里还抱着希望,到了晚上就陷入绝望。① 随着时间一周一周地过去,希望与绝望都变得越来越强烈、也越来越难以承受。所有见证人都说,连犯人的肤色都改变了,恐惧就像酸性物质一样腐蚀了他们。一名关在弗雷斯纳(Fresnes)监狱的犯人就说:"确定知道会死不算什么,但是不知道能不能活下去,就很让人惊慌跟焦虑了。"卡图什(Cartouche)说最极致的折磨"就是得要熬过去的那些时间"。但是他们要熬的是几个月,而非几分钟。在很久以前,犯人就知道自己要被杀了,而唯一能救他一命的特赦,对他来说就像是天意。他无从介入、无从为自己辩护,也无从说服别人。发生了什么事情他都无能为力。他不再是个有意志的人,而是个等候刽子手进行操作处理的东西。他被维持在一种绝对必要的了无生趣状态,却又保有意识,而这意识正是他的大敌。

这些公务员的工作就是杀死眼前这人,当他们称

---

① 因为周日不执行死刑的缘故,死囚监禁区在周六晚上的气氛总是比较好。

这人为"包裹"的时候,他们都晓得自己说的是什么。别人要把你搬走、收好或扔掉,你都无力违逆。这种处境跟一包货物或一个什么东西,或者好一点的,跟一头被人捆住的牲畜不是差不多吗?牲畜至少还可以拒绝进食,犯人就不行了。他们为死刑犯准备了一套特餐(在弗雷斯纳监狱是四号餐,外加牛奶、酒、糖、果酱、奶油);犯人吃什么他们也要控管。如有必要,就会强迫犯人进食。待宰牲畜的健康应该处于良好状态。闹点脾气,就是一件东西或一头野兽仅剩的廉价自由了。"他们都太敏感了",弗雷斯纳监狱的一位警卫班长在提及死刑犯时这样说道,且并无讲反话讽刺之意。这是有可能的,不然还有什么其他方法,能让他们表现出自由以及做人仅存的意志尊严呢?无论犯人敏感与否,从他被宣判的那一刻起,他就已被送进了一台无法中止运作的机械里。接下来的几个星期里,他随之运转、也身处其中的齿轮零件规定了他的一举一动,最后这些零件再把他交给接手的人,好让他躺上那一架杀人机器。这个"包裹"所臣服的，已不再是主导一般活人的偶然命运，而是让他可以准确预期斩首之日的机械定律。

到了这一天，死囚才不再被当成某件东西。在执行那酷刑的前三刻钟里，面对死亡却无能为力的确定感粉碎了一切；这头受缚而无法挣扎的野兽已经看到了地狱，这使得先前人家威胁他的话都显得微不足道了。不管怎么说，从前希腊人用毒芹来处死人犯，都还要更有人性一些。他们留给犯人某种相对的自由，可以推迟或加速自己死亡的时刻。他们让犯人在自杀与处死之间作选择。而我们现代人呢，为了保险起见，我们自己执行了公平正义。但是，如果这样做真的符合一报还一报的公平正义，这个犯人想必在几个月前就通知了被害人他已决定杀害对方，届时再跑到对方家里把被害人五花大绑，告诉对方再过一个小时就要受死了，接着又把这一个小时用来准备杀人用的凶器。可是又有哪个罪犯曾经迫使被害人陷入如此绝望而无力的境况呢？

这也许可以解释，为何死囚在被处决时常会呈现一种诡异的服从。照理说这些已经无路可退的人可以孤注一掷，就算被一枪打死，或是在冲昏头的激烈战斗中被砍头也好。从某种意义上说，这也算是自由的赴死。然而，除了少数例外，原则上死囚都在某种极度的沮丧中被动走向死亡。当记者写到犯人勇敢赴死时，可能这才是他们真正的意思。这也就表示犯人没有吵闹、没有脱离身为包裹的处境，而大家都很感谢他这样做。因为在这么一件难堪的事情当中，当事人还能保持一种值得称赞的谨慎，而且让整件事没有拖太久。但是这种对勇气的恭维与肯定都属于死刑神话的一部分。因为越害怕的犯人通常就越谨慎。但他必须先被自己的恐惧或无助感变得麻木不仁，才配得上我们报刊的这些溢美。我必须强调，有一些犯人，无论是不是政治犯，的确以英雄的姿态赴死，所以谈论他们时也应该带着恰当的景仰与尊敬。然而大多数的死刑犯，他们沉默的唯一原因就是惧怕而已，他们镇定的唯一原因就是惶恐而已，而在我看来，这种出于惊恐的沉默甚至还更值得尊敬。当贝拉·朱斯特神父让一名年轻的死囚在吊死前给亲友写几句话时，他听到的回答是"我连这种心情都没有了"。当一位神父听见这番脆弱的告白时，他怎能不向这种人类所能碰到的最悲惨也最庄严的遭遇鞠躬致意呢？当我们知道，这些一言不发的受刑者，在刑场流下一滩鲜血再被抬走之前经历了些什么，谁还敢说他们死得很懦弱呢？而我们又该如何评价让他们如此懦弱的这些人呢？无论怎么说，每个凶手在杀人的时候，都冒了以最惨的方式惨死的风险，而杀了这些凶手的人则不用冒这个险，说不定还能因此加官晋爵。

不，人类在此的遭遇已超出了精神能处理的范围。无论是德行、勇气或才智，甚至是清白，在这里都无济于事。整个社会顿时陷入原始的恐怖之中，在此已无辨别是非的标准。所有的公正以及所有的尊严，都已消失无踪。

即使自认无辜，也不保证他就可以无畏地受

刑……我见过一些真正的强盗勇敢赴死，但也看过无辜者在受死时浑身颤抖不已。①

　　神父还补充说，依他的经验，知识分子更容易变得虚弱无力，但他并不是认定这类人比别人更缺乏勇气，他们只是比别人更有想象力而已。人在面对必至的死亡时，无论他的信仰为何，都会彻底崩溃。② 光是面对恨他不死的全民联盟时感受到的无力与孤寂，对束手就擒的受刑人来说，就已经是种难以想象的惩罚了。从这个观点来看，死刑也应该要公开进行才对。如此一来，每个人心底的戏剧禀赋才会发挥作用，让他不再形似那惶恐待宰的牲畜，而是在众目睽睽，乃至他自己的注视之下，撑起一点人的体面，但是暗夜与不见天日却只能让他陷入彻底的绝望。在这场摧残之中，无论他表现出的是勇气、心灵的力量、

---

① 贝拉·朱斯特神父语。
② 一位信仰天主教的外科名医向我坦承，当病患的癌症无法治愈时，他并不会告知病患。他认为这个冲击可能危及他们的信仰。

甚至信念本身，都可能只是出于偶然而已。一般来说，早在执行死刑之前，对死刑的等待就已经把这个人给摧毁了。我们其实把他处死了两次，其中第一次又比第二次更严重。与这相较，以牙还牙还显得更像是种文明的律法。至少别人弄瞎他兄弟一只眼睛的时候，以牙还牙原则并不会要求把这人的两只眼睛都挖掉。

此外，这种根本的不义也波及了死囚的亲人。被害人亲友的哀恸大多是无穷无尽的，通常也是渴望复仇的。被害人亲友固然得以报仇雪恨，但囚犯的亲人却因此经历了无以复加的痛苦，然而这种折磨称不上是正义的。一位母亲或父亲在几个月当中的期待、在会客室里与犯人讲些场面话的片刻，最后则是处决的景象，这些都是对死囚亲属的折磨。但这些折磨并未施加在被害人亲友身上。无论被害人亲属的感受为何，他们都不能要求一种比犯行还要过分那么多的报复，不能希望这个报复如此残酷地折磨那些对自己的苦痛感同身受的人。

一名死刑犯写道：神父，我被赦免了，我还不敢完全相信我竟然这么幸运；他们在 4 月 30 号签了我的特赦令，而且在礼拜三我从会客室回来的时候告诉我这件事。我马上就通知了还没离开安康监狱的爸爸妈妈。请您想象一下他们有多高兴吧。①

我们可以想见他们的高兴，因为我们可以想象，他们在获知特赦消息之前那无尽的痛苦，而那些接到另一种通知的人又是多么的绝望；拒绝特赦的通知不公道地惩罚了他们的无辜与痛苦。

为了要给以牙还牙原则做一个总结，我们必须认识到，就算是原始形态的以牙还牙原则，这个原则也只能成立在两名个人之间，而且其中一方必须完全清白无辜、另一方则彻底有罪。受害者当然是无辜的。但是，理论上代表了被害人的这个社会，真能说自己清白无辜吗？社会如此严惩的这件罪案，难道社会本

---

① R. P. Devoyod, op. cit. 同样地，阅读一位父亲或母亲提出的特赦诉愿时，必定会震惊于他们显然不能理解这项突然落在他们身上的惩罚。

身对此就完全没有责任或者至少没有一部分的责任吗？常有人探讨这个主题，而我也不会一一复述各方人士从18世纪以来提出的种种说法。不过我们可以帮这些说法抓一下重点，那就是有什么样的社会就有什么样的罪犯。既然我们在法国，就不能不将一些应该足以让立法者们更加谦卑谨慎的情势说清楚。《费加洛报》(*Le Figaro*)在1952年进行了一份对死刑的调查，在对这份调查的回应中，一位上校断言，如果以终身劳役取代死刑的话，那简直就像是在建立一个犯罪进修班。我是满为他庆幸的，还好这位长官根本没发现：我们早就有个犯罪进修班了，它与重刑犯监狱的明显不同处，就是大家不分昼夜都可随意进出：这就是街头巷尾的小酒馆以及那堪称我们共和国荣耀的贫民窟。针对这一点，无论用什么方式表达都不可能委婉的。

依照统计数字的估算，单单在巴黎市就有6.4万户住宅挤了太多人（每个房间三到五人）。当然，像杀害儿童的凶手这种极度可耻的家伙，得不到任何同情。在我的读者当中,就算身处同样拥挤的环境,应该(我只说应该)也没有人会走到杀害小朋友这一步。所以怎么说都不能减轻某些禽兽的罪孽。但这些禽兽如果住在稍为像样的房子里,也许就不会做得这么过分。起码我们可以说,有罪的不是只有他们而已,而那些决定把钱拿来补贴甜菜种植也不愿拿来盖房子的人①,却有权利来惩罚这些罪犯,这实在说不过去。*

而酒精又让这件丑事变得更引人注意。我们知道

---

① 依照 1957 年的数据,法国的酒类消费量在各国中排第一名,建设量则排第十五名。

* 我们现在可能会对于作者将饮酒、住房、犯罪等议题联结在一起感到疑惑;然而,自 19 世纪末起,酗酒及其社会问题,在法国就一直是舆论的争议焦点。当时的人对于酒精的疑虑,就类似我们今天看待毒品的态度。大家相信,滥用酒精会造成暴力行为、降低判断力、使人无法为自己的行为负责,因此酗酒本身就是犯罪的成因。酒类饮料销售量的居高不下,也就意味着政府从中获得了高额税收。另一方面,从 20 世纪 30 年代的经济危机、第二次世界大战,直到战后重建期间,法国政府都未能处理住房需求的问题,终于造成了 20 世纪 50 年代的住房短缺,迫使底层的劳动阶级必须藏身于酒馆中(其后遂有了 60 至 70 年代的大型集合住宅兴建计划)。——译注

法国这个国家因为一些常常很可耻的理由，而受到国会多数党有系统的毒害。但是在流血罪案当中，因酒精而引起的比例又高得令人侧目。根据居伊隆（Guillon）律师的估计，这个比例是60％。依照拉格里弗（Lagriffe）医师的看法，则介于41.7％到72％之间。1951年在弗雷斯纳监狱的中心对囚犯进行的一项调查显示，在触犯普通法的犯人之中，有29％长期饮酒，24％有家族饮酒史。最后，在杀害儿童的凶手当中95％有酒瘾。这些都是很显著的数字。我们还可以提出更惊人的数字：一家贩卖开胃酒的公司于1953年向税务机关申报的收益高达4.1亿法郎。比较这些数据之后我们即可看出，这家酒商的股东们，以及喜欢喝酒的议员们，确实害死了比他们想象得还要多的孩童。身为死刑的反对者，我当然不会要求把他们也判死刑。但是最起码，我觉得有迫切的必要用武装把他们押去参观下次处决杀童犯的现场，出来时再给他们看用我刚才说过的统计数字写成的报告。

既然国家自己种下了放任酒精这个因，自然就不意外会得到犯罪这个果。① 总之国家并不惊慌，他们只负责砍掉那些人头而已，虽说这些人头先前也喝了不少国家喂的酒。国家用一种神色自若的态度在主持正义，并以正义的捍卫者自居：它自命的良知还是完美无瑕的。有位酒商在回答《费加洛报》的调查时，如此喊道："最坚决的废死支持者，要是突然撞见杀手正要杀他的爸爸、妈妈、小孩或最好的朋友，如果他手里有武器，我们都清楚他会怎么做。走着瞧！"这句"走着瞧"本身似乎也带了点酒意。很自然地，这位最激进的废死支持者会对凶手开枪，天经地义，而这与他坚决主张废死的理由并不冲突。不过要是他还能坚持这些理念，而上述杀手的身上也散发酒味的话，他接着就会去追究那些专门制造酒精中毒罪犯的人。他甚至还会相当惊讶，因为酒精犯罪被害人的家属也没想过要去议会讨个说法。相反地，国家虽然肩

---

① 死刑的支持者从19世纪末就抨击犯罪率在1880年以后的增长，看似与死刑的减少使用相伴发生。但是允许零售酒类无需预先核准的法律正是在1880年才通过的。现在可以好好诠释这些统计数据了！

负民众的信赖、拥有民意的支持，却只会教训那些杀人犯、尤其是有酒瘾的杀人犯，这有点像皮条客在教训那些赚皮肉钱让他有饭吃的小姐一样。但是皮条客不会讲大道理，国家却是满口仁义道德。虽然国法的原则承认，酒醉有时可以构成减轻罪行的理由，但是却不考虑长期酒精成瘾的情形。然而，只会带来暴力犯罪的酒醉，并不会让他被判死刑，但是可能造成预谋犯罪的长期酒瘾，却可能把他害死。因此，国家行使惩戒权的案子，偏偏都是国家自己也负有重大责任的案子。

这个意思是不是说，国家应该痛心疾首，痛斥所有的酗酒者都不负责任，直到全国国民都只能喝果汁为止呢？当然不是。就像种种归咎于遗传或环境的理由，并不能抵消所有的罪过。我们无法准确计量一个轻刑犯自己到底要负多少责任。先不管有没有酒瘾，我们是算不清我们先祖的总数的。如果一直算上去，祖先的人数就会比现在全球人口总数还要多上10的22次方那么多倍。因此，他们到底在我们身上留下了多少劣质或病态倾向，是无法估计的。我们来到世上的时候，就背负了数不清也去不掉的先天条件。如此一来就可以下结论说，大家都不用负责了。按照这个逻辑，世界上应该没有惩罚也没有奖励，而整个社会也维持不下去了。相反地，社会与个人出于存续本能，都会要求每个人对自己负责。我们必须接纳这种责任感，而不能幻想什么绝对的宽恕，因为那会造成整个社会的灭亡。但是这种推导也会让我们得出一个结论，那就是世上从来就没有完全的责任，所以也就没有绝对的惩罚或绝对的奖励。没有人能独自居功以获得奖励，就算领了诺贝尔奖也一样。就算我们认定他犯了罪，也没有人应该被处以绝对的惩罚；更别说他还可能是被冤枉错判的无辜者。死刑，它既不真正具有警世的效果，也不能真正公平地伸张正义，竟然还以一种绝对而无可挽回的刑罚来惩处一个相对而言的罪过，进而还窃据了一个膨胀的特权位置。

如果说死刑用以警世的效果是可疑的，而它伸张的正义也是不牢靠的，那么我们和死刑的支持者还得承认，死刑是消灭性的。死刑一旦消灭了犯人就无法挽回了。说真的，仅仅是这件事，就让别人，尤其是死刑的支持者，无法再重复那些冒险的论点，因为我们已经看见，这些论点可能一直都是有争议的。用比较法律式的说法，死刑之所以无可挽回，是因为它必须是无可挽回的，是因为它保证社会上的某些人是无药可救的，他们对全体民众与社会秩序构成了长久的危害，所以才应该立刻让他们永远消失。至少，没人能否认，社会上就是存在一些畜生，看来也没什么方法可以减弱他们的冲动与残暴。死刑当然没办法解决这些人造成的问题。但死刑至少可以消除这个问题。*

我稍后会再回来谈这种人。可是极刑难道只会用在他们身上吗？谁能跟我们保证，没有一个被处决的人是可能改过自新的？甚至，谁能发誓这里面没有一个是被冤枉的？在这两种情形下，我们岂能苟同地说："既然受刑者都是绝对无可救药的，死刑的这种

---

* 这里的逻辑近似"暴力不能解决问题，但是可以解决你"。——译注

毁灭性也是可接受的"？昨天，1957年3月15日，伯顿·阿博特（Burton Abbott）在加州被处决了，他因杀害一名14岁的女孩而被判处死刑。我想是因为恶行重大的关系，所以这犯人就被归在无药可救的那一类中。虽然阿博特始终声称自己是无辜的，他还是被判刑了。执行时间定在3月15日上午10点。9点10分，签发了一道延缓执行令，准许辩护人提出最后的诉愿。① 11点，上诉遭到驳回。11点15分，阿博特进入毒气室。11点18分，他吸入第一口毒气。11点20分，特赦委员会的秘书开始打电话，因为特赦委员会已经回心转意了。秘书先是找州长，但州长乘船出海去了，所以才直接打给狱方。他们把阿博特从毒气室拖出来。已经太迟了。只要前一天加州的天空乌云密布，州长就不会搭船出海了。他就可以早两分钟打电话过去：今天阿博特就还活着，可能还看得见他的冤情平反。其他所有的刑罚，不管有多痛苦，

———————
① 要注明的是，在美国的监狱，他们的做法是在处决前一日为人犯更换舍房，向他宣告即将到来的处决仪式。

都还能留给他这个机会。但是死刑没有留给他任何机会。

人们会认为这个案子不过是个偶然的特例。但我们的人生也同样地偶然，而且在我们短促的一生中，这事就发生在离我们不远处，搭飞机只要十几个小时就到。阿博特的不幸并不像一条平凡的社会新闻那么偶然，如果我们相信报纸所写的〔比如德艾（Deshays）一案，就以这最晚近的例子来说〕，那这个错误就不只是孤例。大约在1860年，法学家奥立维夸（Olivecroix）在一连串的司法疏失之后计算了它的出错几率，结论是大约每257件案子就有一名无辜的人会被判刑。比例很低吗？若以一般的刑罚而言，这样的比例也许算低。以死刑而言，这样的比例已是无限大。当雨果写道，对他来说每一具断头台的名字都叫做雷素克（Lesurques）①，他的意思并不是说被断头台砍头的每个犯人都是雷素克，但只要一个雷素克就

---

① 因"里昂邮车"（Courrier de Lyon）抢案而被误送上断头台冤死的无辜者。

够让断头台永远蒙羞了。我们晓得比利时在一次误判之后就已经不再判处死刑，而英国也在海耶斯（Hayes）案之后提出了废死的议程。我们晓得的还有这位总检察长的结论，他参与审查一名嫌犯的特赦申请，嫌犯犯案的可能性相当高，只是始终没有找到被害人的遗体，而总检察长如此写道："X 的存活……让当局得以有效地检验所有可资证明他妻子仍然在世①的新线索……相反地，执行死刑就是消灭了这个检验的假设性可能，我担心这会使得那些最细微的线索只剩一种理论上的价值，我们不想成为造成懊悔的推手。"对于公平正义与事实真相的执著在这里表达得相当动人，而我们在审判中也应该常常引用这句"造成懊悔的推手"，因为它简洁而坚定地表达了陪审团所面临的危险。一旦无辜者冤死，就再也没有什么能补偿他了，如果还有人能为他申冤的话，充其量也只能恢复他的名誉。我们只好还他一个清白，虽然他本来就是清白的。但他所承受的迫害、恐怖与死亡都

---

① 嫌犯被指控杀妻，但始终未寻获其妻子的遗体。

已经无可挽回了。如今我们只能替未来的无辜者设想，好让他们不必接受酷刑的磨难。在比利时已经这么做了。在我们国家，大家看上去却没有一点良心不安。

这种心态可能来自于一种观念，那就是司法本身已经有所进步，而且与科学一起同步并进。当专家学者在法庭上发表论述时，他就像从前的神父一样权威可信，而从小把科学当成宗教来信仰的陪审团则频频点头。然而，近来的案例，其中又以贝斯纳德（Besnard）* 案为代表，则让我们了解了所谓的专家鉴定有时更是场闹剧。我们无法确定犯人是否有罪，因为这一位专家在他的试管中判定可作为犯罪证据的剂量，却可以让另一位专家得出相反的结论。于是在这冒险的计算当中，各人主观考虑的差异始终占据了很

---

* 贝斯纳德（1896—1980）在1949年被指控毒死了包括她丈夫在内的12人，一度被要求判处死刑，但在1954年获释，并于1961年被无罪释放。诉讼期间，辩方律师指控鉴识工作粗心大意，故其报告不足采信。——译注

大的分量。这些学者里真正拥有专业素养的比例，就跟法官当中懂心理学的比例差不多，也没比陪审团当中认真客观成员的比例高多少。一如以往，今日发生错判的机会依旧存在。到了明天，另一位专家又会说另一个阿博特是冤枉的。但是阿博特还是要受死，因科学方法而死。科学虽然号称可以证明有罪或清白，却还无法让那些被它杀死的人复活。

在这些受刑人当中，我们真的确定杀掉的全是无药可救的人吗？所有像我一样，在生命中的某个时刻不得不去旁听刑事审判的人，就知道在每一宗判决之中都有很多的偶然成分，连死刑判决也不例外。被告的长相、他的过往事迹（通奸常被陪审员看做一种足以加重罪行的情节，虽然我并不相信这些陪审员全都没有发生过外遇）、他的态度（通常比较老派，也就是刻意表演的态度，会比较有利）、甚至是他的用字遣词（回笼的惯犯就会知道讲话不能太结巴但也不能太流畅）、博取听众好感的一些小故事（至于真相，唉，有时候就不是那么动听），有这么多的偶然因素可能影响陪审团的最终决定。在判处死刑的那一刻，我们即可肯定，在实行这种再确定不过的刑罚之前，有极多的不确定性在其中起过作用。当我们知道陪审团对减刑条件的评估会影响终审判决，尤其是当我们得知1832年的改革让陪审团有权给予法条并未明文规定的减刑条件，我们即可想见，这其中有多少空间可能受到陪审团一时心情的影响。详细规定哪些案子应该判死刑的并不是法律，而是陪审团。我们得这么说，他们在那当儿觉得这是被告应得的。每个陪审团都是独一无二的，被处死的人换了个地方可能就不会死。在伊勒-维莱纳（Ille-et-Vilaine）的好人眼里看来无药可救的，在瓦勒（Val）的民众看来却可能情有可原。不幸的是，这两个省的铡刀落下时都一样叫人身首异处。铡刀不管细节。

在地点的偶然之外再加上时间的偶然，就更增强了这整件事的荒谬性。因为在一家工厂的衣帽间放置炸弹（在引爆前就被发现），而刚在阿尔及利亚被砍头的法国共产党工人*会被判死刑,固然是由于其行动本身,但也是因为当时的舆论风向使然。** 在当前阿尔及利亚的气氛里,他们一边想证明给阿拉伯人看:断头台也一样会砍法国人的头,另一边又想安抚痛恨恐怖主义罪行的法国人。然而这位替处决执行辩护的部长***,同时却又在他自己的选区接受了共产党的选票。如果当初情势并非如此,这名被告就可以轻轻松松逃过一劫,说不定哪天当上了国会议员,还可以跟部长在同一个吧台喝酒。希望我们这些高官可以

---

* 这名工人叫做费尔南德·伊弗东(Fernand Iveton,1926—1957),是阿尔及利亚的法裔劳工,阿尔及利亚共产党成员,甚至以白人的身份加入了 FLN(Front de Libération Nationale,阿尔及利亚民族解放阵线)。1956 年 11 月 14 日,他在发电厂自己的置物柜放了一枚定时炸弹,原本希望在下班后没人时再引爆以免造成伤亡,却事迹败露。——译注

** 虽然并未造成死伤,但是由于当时正值阿尔及尔战役(法军与 FLN 的战斗,1956 年 12 月至 1957 年 1 月)期间,社会情势紧张,故舆论皆曰此人可杀。——译注

*** 指的是弗朗索瓦·密特朗(François Mitterand,1916—1996),他在 1957 年 7 月就任左派内阁的法务部长,却驳回了伊弗东的特赦申请。但是密特朗在 1981 年当选总统后,同年就在其法务部长罗伯特·巴丹泰(Robert Badinter)的推动下废除了法国的死刑。——译注

一直记得这些苦涩的想法。他们必须明白,社会风气会随着时代而改变。总有一天,这个死得太早的犯人就不再显得这么坏了。但如今为时已晚,我们对这件事只能选择懊悔或是遗忘。当然,我们只会忘记这事。但社会本身却也遭受了不小的损害。依照希腊人的说法,未受到惩罚的犯罪将会玷污城邦。但是让无辜的人被判刑或是量刑过重,长期来说,所造成的污秽也不少于此。这样的事我们在法国看多了。

我们会说,这就是人间的司法,虽然不完美,但总比任意独断要好。但这种无奈的肯定只有在讨论一般刑罚的时候才说得通。谈到死刑判决的时候,这种肯定就显得可耻。一本关于法国司法的经典著作,在论及死刑无法再分出等级时,便如此写道:"人类的司法绝不可能保证那种比例关系。为什么呢?因为这司法知道自己是残缺的。"难道因此就可以下结论说,我们仗着这份残缺就可以作出某种绝对的判决吗?就因为不确定能否实现纯粹的正义,社会就该冒着极大的风险去拼命追求那种终极的不义吗?如果司法明知自身有缺陷，难道不该表现得更加审慎，在判决时保留足够的余地，以避免可能的错误①吗？既然司法总是可以在这弱点当中为自己找到减轻责任的理由，司法难道不该也对罪犯这样做吗？陪审团难道好意思说出"如果我不小心错杀了您，看在我们共同天性就是有些弱点的份上，请您原谅我。虽然我在判决您死刑的时候并未考虑这些弱点，也没想过这种天性"这样的话吗？在犯错与偏差这两件事上面，所有的人类都有一种同理与同情的关系。难道这种同理与同情只适用于法庭成员，而被告就该被排除在外吗？不是这样的，而且如果司法在这世界上还有某种意义，那也就是承认这种同理与同情而已；从本质上来说，司法就不能与怜悯分开。当然，怜悯在这里的意思只能是对于一种共同痛苦的感受，而不是那种轻浮廉价的宽恕，这种宽恕完全无视被害人的痛苦与权益。怜悯并

---

① 我们对于特赦了西永（Sillon）感到欣慰。他最近杀死了自己四岁的女儿，因为孩子的母亲想跟他离婚，而他不想把孩子让出去。然而在他被收押时，我们发现西永的脑部患有肿瘤，这就解释了他疯狂的行动。

不表示不要惩罚，只是要排除终极的审判而已。怜悯排斥的是最终确定、无可挽回的措施，这种措施对所有人类来说都是不公正的，因为它并未考虑到全人类共同处境之中的苦难。

坦白说，有些陪审团很明白，就算在毫无理由减刑的犯罪中，他们还是对其中一些案件从轻量刑。他们认为判死刑在这里显得太过分了，所以就宁可轻判也不要重判。因此，把刑罚制定得极端严苛不但不能制裁犯罪，反而还会鼓励犯罪。每次刑事审判之后，我们在报刊上读到的都是，这个判决是没有条理可循的，与案情相较，判决显得不是过轻就是过重。但是陪审团成员也不是不知道这一点。只不过，一想到死刑兹事体大，他们的做法就像我们一样，宁可被当成一群无能的笨蛋，也不愿意在接下来的夜里辗转难眠。在知道自己有缺陷后，他们至少还从中找出了一些合适的解决办法。这样的做法看似不合逻辑，但正因如此，正义是站在他们这一边的。

然而也有些恶性重大的罪犯，无论何时何地的陪审团都会判他们有罪，他们的罪行是毋庸置疑的，而检方提出的证据也与被告的当庭自白相符。很有可能，这些人的异常或残忍行径，已将他们归于病态之列。但是在大多数的个案中，精神病专家仍然认为他们应对此负责。最近在巴黎，有名性格软弱，但却温和而热情，且与家人很亲近的年轻人——据他自己的供词——因为被父亲责备晚回家的事而恼羞成怒。他的父亲当时正坐在餐桌前阅读。年轻人拿起一把斧头，从后面向他父亲使劲砍了好几斧。然后他又用同样的方法也砍了厨房里的母亲几斧头。他换下自己的衣服，把沾血的长裤藏进衣橱，然后去探望未婚妻的父母，接着回家并向警察报案说他发现自己的父母遭人杀害。警方很快就发现了沾血的长裤，并且毫不费力就取得了这名弑亲逆子平静道出的口供。几名精神科医师的结论是这人应负起因气愤而杀人的责任。他那不寻常的无动于衷，包括他在狱中的某些表现（他对于有很多人为他父母送葬感到欣慰，他向律师说道:"他们人缘很好"),实在很难视为正常。但是他的推理能力看来还是完好的。

许多"怪物"都有着同样让人猜不透的面貌。在只考虑他们所作所为的情形下,他们就该被消灭。乍看之下,他们罪行的性质与重大程度都让人无法想象他们还有悔悟或改过的可能。我们该做的只是不让他们有机会再犯,所以除了消灭他们之外别无选择。在这种边缘的情形下,也只有在这种边缘的情形下,关于死刑的讨论才有其正当性。在所有其他的案例里,那些保守主义者的论点完全无法招架废死论者的批判。相反地,在这种限制下,由于我们对这些人的情况一无所知,我们反而需要大胆赌一次。有人认为,就算是最坏的人也要给他一个机会;也有人觉得,这种机会是虚幻不实的,但却没有任何事实或推理可以据以判定孰是孰非。但是,如果我们专注于今日,那么在欧洲,借由评估死刑的适当性,或许我们就可能超越死刑支持者与反对者在这条最终边界上的长久对立。我虽然才疏学浅,却还是想试着依循瑞士法学家让·格雷文（Jean Graven）教授的主张来思考这个问题。他于1952年在其关于死刑问题的杰出研究中写道：

> ……面对这个再次向我们的良知与理性提出的问题，我们认为寻求解答的方式并不是研究过去的构想、问题与论点，也不是研究未来的展望与理论承诺，而应该研究当前的观念、资料以及其必要性。①

的确，我们可以引用几个世纪以来的史实以及各式各样的观念，来永无止境地争论死刑带来的正面与负面后果。但是死刑在此时此地就是扮演了某种角色，而面对着现代刽子手的我们，也必须在此时此地作出自己的定义。对于世纪中叶的人类来说，死刑究竟意味着什么呢？

简单地说，我们的文明不但已经失去仅有的、

---

① *Revue de Criminologie et de Police technique*（《犯罪学与刑事鉴识期刊》），Genève, numéro spécial, 1952.

可以用某种方式支持死刑的那些价值观，还承受了诸多恶果，由此更显出废除死刑的必要。换句话说，应该由这个社会中已有所警惕的成员来提出废除死刑的要求，这后面有着逻辑的理由，同时也有现实的理由。

先来谈逻辑。裁决某人应受到极刑的惩罚，等于是判断这人再无挽救的希望。我们要再次强调，就是在这一点上，各种论点之间盲目争执，僵持在徒劳无功的对立之中。正因为我们全都同时身兼裁决者与当事人的角色，所以我们当中没有任何人可以对此作出公正的断言。也因此，我们对于我们的杀人权利有所疑虑，也对于说服彼此感到无力。若不是绝对的纯洁无罪，就不能进行终极的审判。然而我们在这一生中都做过坏事，即便这坏事并不在法律制裁的范围之内，却也构成了某种不为人知的罪恶。世上没有绝对正义的完人，只有一些在正义面前多少显得卑微的心灵而已。活着，至少，让我们懂得这件事，并让我们能在一生的作为中增添一点善，多少补偿一下我们带给这个世界的恶。与生存权相随的是补偿过错的机会，这是所有人类的自然权利，就连最坏的人也不例外。即使是最恶劣的罪犯与最公正的法官，也都站在相近的位置，经历同样的悲苦，也同样休戚与共。若是没有这种权利，道德生命也就不可能存在了。特别要说的是，在我们当中没人有资格对某人绝望，除非此人已死，他的生命已成既定，才可以下最终的判断。反之，任何人都没有权力，在人死前就宣读最终审判，在他还活着的时候就将其盖棺定论。至少在这个范围内，作出绝对判决的人，也给他自己判了绝对的罪。

马叙（Masuy）帮派的贝尔纳·法洛（Bernard Fallot）曾经为盖世太保*工作，在被指认出他犯下的诸多可怕罪行之后被判处死刑，他在死时表现出了可贵的勇气，宣告自己罪无可赦。他向一名狱友说：

---

* 即 Gestapo，是德语秘密国家警察（Geheime Staatspolizei）的缩写。为纳粹德国时期负责保安、政治、扫荡等勤务的秘密警察编制，由党卫队所掌控。——译注

"我的双手沾满了太多血腥。"① 一般人与承审法官的意见无疑都会认为他已无可救药,如果我没读到这篇惊人的证词的话,可能也会倾向于这样想。法洛在公开宣告他希望能死得勇敢一些之后,是这样向同一位狱友说的:"你要我告诉你我最大的遗憾吗?好吧!那就是没能更早一些认识《圣经》。我跟你保证,要是能这样,我现在就不会在这里了。"这里不是在讲一些陈腔滥调的醒世故事,也不是让人联想雨果笔下改邪归正的劳役犯。在启蒙时代,人们主张废除死刑的理由是:人性根本上是良善的。当然,人性并非从根本上就是善的(有可能更坏或更好)。经过了这二十年的壮观历史*之后,我们已深知这一点。但正因为人性并非全善,所以我们之中没人可以充当绝对的审判者,去宣布要彻底歼灭那些最恶劣的罪犯,原因就是我们里面没有人可以声称自己绝对无罪。极刑判

---

① Jean Bocognano, *Quartier des fauves, prison de Fresnes*(《猛兽的街坊,弗雷斯纳监狱》),Éditions du Fuseau.

* 此处在反讽法国过去二十年(1937—1957)以来的不光彩历史,包括对西班牙内战袖手旁观以及殖民战争等。——译注

决所破坏的，是人类唯一无可争议的共同连带，那就是对抗死亡的共同连带。所以，除非得到了某种将自己置身于所有人类之上的真理或原则的支持，否则死刑判决就是不正当的。

其实，极刑在几个世纪以来，始终是一种宗教性的刑罚。它在实行时使用了在人间代理神的国王之名义，或是教士之名义，或是社会作为一种神圣整体的名义。这种刑罚并未破坏人类之间的共同连带，而是将罪犯逐出了那唯一能赋予他生命的神所创造的社群。他尘世的生命可能被夺走了，但补偿的机会却留下来了。真正的审判并未宣布，因为那将是另一个世界的事。因此只有宗教的价值观，尤其是对永恒生命的信念，才能作为极刑的基础，因为依照他们自己的逻辑，这种刑罚从宗教价值的角度看就不是最终确定且无可挽回的。正因为极刑并不是最终的审判，它才具有正当性。

举例来说，天主教会就一直同意死刑有其必要。

在其他时代里，教会自己就不吝于判别人死刑。就算到了今天，教会都还主张死刑，并支持国家有使用死刑的权力。纵使在立场上有着些许不同，一位从弗里堡市*选出的瑞士国会议员1937年在国会的一场对死刑的讨论中，却将教会的这种深层感受给表达了出来。依照这位格朗（Grand）先生的说法，就算是最坏的罪犯，在面对死刑的威胁时，也会反省自己。

> 他忏悔了，因为即将赴死而驱使他忏悔了。教会拯救了他们其中的一分子，也就完成了它的神圣使命。这就是为什么教会持续认可死刑，不只是将其当作一种正当防卫的工具，还将其当作一种在拯救灵魂上也很有效的工具①……就算教会不把参与实施死刑

---

* 弗里堡（英、法文：Fribourg；德文：Freiburg）是瑞士的城市，也是同名弗里堡邦的首府，位于法语区和德语区交界处。不同于德国巴登符腾堡邦的城市弗莱堡（Freiburg）。——译注

① 斜体为作者所加。

当作神职工作的一部分，死刑对他们来说还是可以发挥某种近乎神圣的有效性，就像战争一样。

或许是服膺同样的理念，在弗里堡市刽子手的佩剑上，也刻着"主耶稣，你是审判者"的格言。于是刽子手便肩负了一项神圣的任务。只有他可以毁坏这肉身，好将灵魂送交天上的神来审判，在这之前无人有权预审。我们认为，类似的格言可能会引发相当可耻的误解。对于恪守耶稣教诲的人来说，这把漂亮的佩剑是对基督个人*又一次的亵渎。由此我们即可了解，一名俄国囚犯在1905年被吊死时，对着前来以耶稣圣像抚慰他的神父，所说出的可怕话语："请您离远一点，别亵渎了圣物。"就算不是教徒，也很难不这样想：既然天主教信仰的核心就是一位令人动容

---

* 耶稣（Jésus de Nazareth）是历史人物，基督（Christ）则是教会将耶稣圣化后的"敬称/头衔"。因此这里的"personne"指的除了一般的人格，也可以是三位一体之中圣子的位格。所以加缪借此凸显天主教会的僭越妄为。——译注

的司法错误受害人，那么在面对法律的杀戮时，他们也该显得有些保留吧。也可以提醒教徒，尤利安皇帝*在转向异教之前，就已经不愿意任命基督徒担任政府公职，因为他们全都拒绝宣判或执行死刑。在长达五个世纪的时间里，基督徒都坚信：他们的主的严格道德教诲，是不允许他们杀人的。但是天主教信仰的内容并不只来自基督本人的教诲。这些信仰的内容同样来自旧约圣经，也来自圣保罗与历代教父。** 尤其是灵魂的不朽，以及所有肉体都会复活，这些在教义当中都有明文记载。从那时起，死刑对信徒来说，就是一种暂时性的处罚，好暂时把最终的判决悬置起来，是种只是对地上的秩序而言才有必要的做法，是

---

* 尤利安二世（Flavius Claudius Iulianus，331—363；英文作 Julian，法文作 Julien，中文有时亦译为朱利安），君士坦丁王朝的罗马皇帝，年少时曾经受洗，及长却转向传统希腊罗马多神信仰（异教），即位后并以政策鼓励其复兴，因而被基督教会称作"背教者尤利安"。——译注

** 基督教历史上的"教父"（英：Church Fathers；法：Pères de l'Église）指的是作品对后世教义有重大影响的早期教会作家与宣教者，如圣奥古斯丁等。——译注

一种行政措施，其目的不但不是为了终结恶人的存在，反而是为了让他获得救赎。我并不是说所有的信徒都这样想，而我也完全可以想象，有些天主教徒用亦步亦趋的方式追随基督，对于摩西或圣保罗则保持距离。我只是说，对于灵魂不朽的信仰使得天主教可以用相当不同的概念来探讨死刑的问题，以及为死刑辩护。

然而，在这样一个我们身处其中的、无论是体制上还是道德上都已经去宗教化的社会里，这种辩护方式又代表了什么意义呢？如果一个法官是无神论、怀疑论、或不可知论者，那么当他判某个不信教的囚犯死刑的时候，他宣判的就是一个无可挽回的最终惩罚。他没有神的力量，也不信神，却把自己放在了神的宝座上。[①]总之他还是杀了这个人，只因为他的祖先相信生命是永恒的。然而，法官声称自己代表的这个社会，事实上宣布的却是一种纯粹的消灭措施，这

[①] 我们知道陪审团的判决都是以此格式开头的："以上帝与我的良心为证……"

样死刑便破坏了一致对抗死亡的全人类共同体。同时，因为社会声称自己拥有绝对的权力，所以社会就把自己当成了绝对的价值标准。社会可能还是会基于传统，向犯人派出一位神父。神父可以合理地期待，对于刑罚的恐惧有助于罪犯皈依信仰。然而，若是要在这种算计中，为一种通常是在完全不同的精神状态下施行与接受的刑罚来进行辩护，又有谁会接受呢？在害怕之前就相信是一回事，在害怕之后才找到信仰是另一回事。迫于烧死或是砍头的威胁才皈依的信仰，总让人怀疑其中有几分是真心。我们还以为教会早已不再用恐怖诉求来征服不信者呢。无论如何，像这种社会致力摆脱的宗教皈依行动，对于已经去宗教化的社会来说是毫无意义的。社会规定了一种神圣的刑罚，同时却又去除了这种刑罚的借口与效用。社会造成自己的主旨错乱，将自己内部的坏人堂而皇之地消灭，好像社会就等于美德本身一样。这就像一个名声好的人杀死了自己不走正道的儿子，并说道："真的，我再也不知道要怎么办了。"社会擅自僭取了筛选的权利，好像社会自己就是大自然一样，社会又为淘汰这件事增添了巨大的痛苦，好像社会自己就是救世主一样。

毕竟，如果宣称因为某人是绝对邪恶的，所以我们应该把他从社会绝对移除，那就等于是说这个社会是绝对良善的，但现在只要是有想法的人都不会这样认为。大家不但不会相信这套说辞，反而更容易得出完全相反的结论。如果我们的社会变得那么坏那么罪恶，那必定是因为社会已经把自己确立为最终的目的，而且除了社会自己在历史当中的存续或成功之外，这个社会也不再尊敬任何事物了。的确，社会是已经去宗教化了。但这个社会在19世纪也开始把自己变成宗教的替代品，把社会本身当作是崇拜的对象。进化的教条与相伴而来的筛选观念，已经为这个社会的未来设定了终极目标。最后，一些移植了上述教条的政治乌托邦就设想了一个历史终结的黄金时代，好预先为所有的行动辩护。这个社会已习惯于正当化所有能用以实现未来的事物，并为此以绝对的方式滥用极刑。从这一刻起，所有妨碍其计划与俗世教条的事物，都被社会看做是一种犯罪或亵渎。换句话说，原本为教士服务的刽子手已经变成了公务员。其造成的结果如今就在我们身边。既然事已至此，那么到了世纪中叶，这个从逻辑来说已经无权宣判死刑的社会所该做的，就是基于现实主义的理由废除死刑。

面对犯罪，我们的文明又要如何为自己下一个定义呢？答案很简单：这三十年来*，国家所犯下的罪，要远超过个人所犯的罪。虽说鲜血就像酒精，就像那最浓烈的葡萄酒一样，长时间下来也是会让人中毒的；我在这里甚至不需提及那些战争，不管是全面战争还是局部战争。然而由国家直接杀害的人数已经达到了一种天文数字的比例，且远远超过个别谋杀的数字。触犯普通法的罪犯越来越少，政治犯却越来越多。证据就是，当下我们之中的每一个人，不管他多

---

* 本文写作之前的三十年间（1927—1957），欧洲经历了西班牙内战、第二次世界大战与阿尔及利亚战争等殖民地独立冲突，以及冷战。——译注

受人尊敬，都可能有一天就被人判了死刑；然而在世纪初，这种可能性都还被看做是荒唐可笑的。阿方斯·卡尔（Alphonse Karr）*的那句俏皮话："各位杀人犯先生可以开始大显身手了！"已不再有任何意义。那些造成最多流血的人，刚好也就是相信法律、逻辑与历史都站在自己那一边的人。

因此，如果我们的社会要保卫自己，那么要极力防范的并不是个人的危害，而是国家的危害。再过三十年，对这两者的防范比例可能就会反过来。但是就目前来说，正当防卫要对付的应该是国家，而且首先就要拿来对付国家。正义与最具现实性的考虑都主张，法律应该要保护个人，以对抗因为内斗或傲慢而陷入疯狂的国家。"就让国家开始行动，废除死刑！"必须成为我们今天的集结口号。

---

* 阿方斯·卡尔（1808—1890），法国批评家与小说家，亦曾担任《费加洛报》编辑。他反对废除死刑，为此说过一句反讽式的俏皮话："如果我们要废除死刑的话，那么，各位杀人犯先生可以开始大显身手了！"——译注

人家说，这些法律非但本身血迹斑斑，还把风俗习惯也抹上了污血。但一个社会有时也会陷入某种蒙羞的状态，即便社会当中充斥着诸多乱象，但那里的风俗习惯绝不可能像法律一样血腥。半数的欧洲人正在经历这种状态。而我们这些不在其中的法国人，不但也经历过这些事，现在说不定还要再经历一次。占领时期*的杀戮导致了解放后的杀戮，而后者的朋友们现正企盼着复仇。此外，背负太多罪孽的各国还准备用更大规模的屠杀来淹没自己的罪恶感。我们为了某个被人神圣化的国族，就去杀人了。或者我们也会为了某个也被神圣化的未来社会而杀人。相信自己什么都懂的人，就会想象自己什么都行。那些要求大家绝对信仰他的俗世偶像，也会坚持不懈地宣判绝对的惩罚。而许多欠缺信念的宗教也大量杀害处于绝望状态下的犯人。

---

* 此处"占领"指的是第二次世界大战期间，包含巴黎在内的法国北部与西海岸直接由德军占领，实施军事统治。"解放"则是指盟军反攻，从德军手中解放法国。——译注

若不能下定决心用尽方法保卫每个人免于国家的压迫，这个正处于世纪中叶的欧洲社会又如何能存续下去呢？禁止对一个人施加死刑，就等于是公开表明社会与国家都不是绝对的价值标准，宣告它们没有任何理由可以制定终极的刑罚或是制造无可挽回的后果。如果没有死刑，加布里埃尔·佩里（Gabriel Péri）* 与拉西亚克（Brasillach）** 可能就还在我们身边。那样的话，我们就可以依照我们的观点来评价他们，并大声说出我们的判断，而不是像现在这样默默承受他们对我们的审判。要是没有死刑，劳伊克（Rajk）*** 的遗体就不会令匈牙利蒙羞，一个罪行较轻的德国也可以更容易被欧洲接纳，俄国革命就不会在耻

---

* 加布里埃尔·佩里（1902—1941）是法国共产党政治人物与记者，曾任众议员，因从事地下抗战，被德军逮捕枪决。——译注

** 拉西亚克（1909—1945）是法国右派记者与作家，解放后依通敌罪名遭到处决，戴高乐拒绝给予特赦。——译注

*** 劳伊克（1909—1949）是匈牙利共产党政治人物，曾参与西班牙内战以及德国占领期间的地下反抗活动，1945年起曾陆续出任匈牙利内政部长、外交部长，1949年遭诬指为托洛茨基间谍集团成员，被开除党籍、入狱、并遭到处决。——译注

辱中走向垂死,在阿尔及利亚流的血也不会如此令我们良心不安。最后,如果没有死刑的话,欧洲就不会被二十年来堆积在这片衰竭土地上的尸骸所污染。在我们这块欧洲大陆上,无论是在人与人、还是国与国之间,所有的价值观都被恐惧与憎恨给颠覆了。绞绳与铡刀被用来解决理念的对抗。人们遂可如此写道:"我们始终可以从断头台当中学到的教训,那就是当我们相信杀人有用的时候,人命就不再神圣了。"显然杀人已经变得越来越有用了,坏榜样广为周知,感染力也传布四方。随之而来的,则是虚无主义造成的混乱失序。因此应该要断然停止这样做,并宣布无论在原则上还是制度上,个别人类的地位都要高于国家。所有能够减轻社会对个人压迫的措施,都有助于消退欧洲的过度充血,使欧洲能够更有条理地思考,并逐步走向康复。欧洲的弊病在于明明什么都不相信,却又宣称自己无所不知。但是欧洲并不是无所不知,虽然它应该要知道才对,而且从我们的抗争与希望看来,欧洲仍然相信某件事,那就是:在某个神秘的范围内,人类的极端苦难使其可以触及极端的高贵庄严。大多数的欧洲人已经失去了信仰；而与信仰一起丢弃的，是信仰赋予刑罚制度的那些正当性。但是，妄想取代信仰的国家偶像崇拜，也令大部分的欧洲人觉得恶心。

走到这一步，无论有没有把握，既然已下定决心不要再被人压迫，也不要再欺压别人，我们就应该承认自己的希望与无知，拒斥绝对的法律，拒斥无可挽回的体制。我们知道的，足以让我们说出，何等重大的犯罪便应处以终身强迫劳动。但我们知道的，还不足以让我们宣判应该要剥夺他的未来，也就是我们共同的弥补机会。在未来的统一欧洲，基于我刚才说过的理由，庄严地废除死刑应该是欧洲法典的第一条条文，这也是我们所有人共同的期望。

从18世纪的人文田园诗*到溅血的斩首台之间，

---

* 田园诗（英文 idyll，法文 idylle）原本的字面意义是"短诗"，后成为特定文体的名称，其特征为篇幅简短，题材多描写乡村农牧生活的美好，并衍生出纯爱、天真、善感等含义。——译注

是一条笔直的道路,而大家也都知道,今天的刽子手还都是人道主义者。因此,在探讨死刑这种问题时,对于人道主义的意识形态,我们再怎么谨慎小心也不为过。在这个要下结论的时刻,我想再强调一次,我反对死刑的原因并不是我对人类天性的良善有什么幻想,或是我对未来的黄金年代有什么信念。相反地,我是基于经过思辨的悲观主义、逻辑原则以及现实主义等理由,才认为废除死刑是必要的。我的意思并不是说,在这里所说的都与内心感受无关。如果你刚花了几个礼拜的时间查阅文献与回忆录,访问曾经或远或近接触过断头台的人,在一一检视这些吓人场面之后,你的看法不可能无动于衷。但是即使如此,我还是要一再强调,我并不相信这个世界上没有人要负责,也不相信我们应该听从那种新派的时髦倾向,也就是赦免所有人,不分被害人与杀人凶手通通混为一谈。这种纯属滥情的混淆,与其说是出于宽容还不如说是因为怯懦,最后的结果就是替世上最丑陋的事搽脂抹粉。滥发祝福的结果就是，他们连奴隶营、怯懦的力量、有组织的刽子手以及巨型政治怪物的犬儒主义也都一并祝福了；最后终于把自己的手足同胞也送入了虎口。在我们四周都看得到这种现象。但正是在当前的世界形势之下，本世纪的人才会要求制定这些能够发挥疗愈作用的法令规章，其作用终究是规范人类而不是消灭人类，是引导人类而不是摧毁人类。身处在停不下来的历史动力当中，人类需要的是运行的原理与一些平衡的法则。总之，人类需要的是一个理性的社会，而不是一个大家都陷入自己的傲慢、使国家权力肆意泛滥的无序社会。

我坚信，废除死刑可以帮助我们朝这样的社会迈进。在采取了这个做法之后，法国就可以推广到铁幕两侧尚未废除死刑的其他国家。但法国必须先成为表率。往后将以强制劳动取代死刑，那些被认定无药可救的罪犯要终身服刑，其他人则会给予一个刑期。对于那些认为终身强迫劳动比死刑更严苛的人，我们惊讶于他们竟然没有提议给朗德吕（Landru）* 判处终身劳动、给次一级的罪犯判死刑。我们也要提醒他们，终身强迫劳动至少还给了罪犯一个选择死去的机会，但是踏上断头台就只能一去不回了。相对地，对于那些认为终身强迫劳动这种刑罚太过轻松的人，首先我们要说，他们的想象力太贫乏了，其次要说的就是，如果剥夺自由在他们看来像是种轻松的惩罚，必定是因为当代的社会教导我们，要瞧不起自由。①

虽然该隐没有被杀，但他却在全人类的眼中留下

---

* 朗德吕（1869—1922）是法国历史上恶名昭彰的连续杀人犯，于1915至1919年间在巴黎地区杀害11人，被捕后供认不讳，三个月后在凡尔赛被送上断头台，有真实版"蓝胡子"之称。——译注

① 亦可参见杜·邦（Dupont）议员于1791年5月31日向国民议会提交的关于死刑的报告："一种尖锐而焦灼的情绪完全吞噬了他（杀手）；他最惧怕的，是静下来的时候；在这个状态下他得单独面对自己，也就是为了逃离这种状态，才让他一直敢于冒死，并且害死别人；孤单以及自己的良知，对他才是真正的折磨。如此我们不就明白了，你们应该加诸他哪一种刑罚，才会让他害怕吗？**难道不该针对疾病的本质来开立有疗效的处方吗？**"。末句黑体为杜·邦本人所加。这段话让这位不太出名的议员堪称是我们现代心理学的先驱。

一个代表受罚的记号,这才是我们应该从旧约学到的教训,福音书就不用说了;但尤其不要用摩西律法的残忍例子来启发我们。总而言之,就算我们的国会还无法用永久废除死刑这种文明的崇高举措来弥补他们对于酒精法案的表决,那么也没什么理由可以阻止我国进行一场一定时间内(例如十年)的有限实验。法令若只知道消灭那些它不知该如何教化的人,这就是种怠惰的法令,如果民间舆论和民意代表真的无法放弃这种法令,至少在等待重生与真理来临的时候,我们不要造成这种"仪式性的屠宰"①,使其玷污我们的社会。虽然执行死刑的频率很低,但它终究是种令人反感的屠戮,也是对人格与人体所施加的凌辱。活生生的人头被砍下来、鲜血横流,这种砍头场面始自野蛮时代,当时大家相信这种堕落的场面可以让民众触目惊心。可是到今天,还用鬼鬼祟祟的方式实行这种恶心的死亡,这种酷刑还有什么意义呢?真相是,都已经进入核能时代了,我们却还在用杆秤时代的方法

---

① 塔尔德(Tarde)语。

杀人。一个拥有正常情感的人，一想到野蛮地摘除别人脑袋这件事，就只会感到恶心而已。如果法国政府在此仍无法克服自己内部的阻碍，并且为欧洲对症下药，至少法国也可以改革死刑的实施方式。科学知识都已经为杀戮服务这么多了，至少也能用来让杀人过程更体面一点。有一种麻醉药可以让犯人在睡梦中死亡，我们可以给犯人至少一天的时间让他自由取用，除非犯人没有意愿或无力下定决心，才用别种方式强制执行，以确保犯人伏法，如果我们坚持要这样做的话，至少还能带来一点体面，总好过现在那种纯然肮脏而猥琐的展示。

我之所以提出这些妥协的办法，是因为有时会看到，智慧跟真正的文明并不能启发要为未来负责的人，而这令人绝望。对某些人来说，知道死刑实际上是什么样子却又无法阻止它的执行，这种事是难以忍受的，而这样的人比我们以为的还要多。他们用另一种方法在承受死刑所造成的痛苦，而这是毫无公理正义可言的。我们至少可以减轻这些脏污画面对他们所造成的负担，而社会并不会因此而有所损失。但这终究是不够的。无论在各个社会的道德观念当中，还是每个人的心中，如果我们未来还是不能让死亡从法律中消失，那么就无法获得真正持久的平静。

图书在版编目(CIP)数据

思索死刑/(法)加缪著;石武耕译;吴坤墉校阅.—北京:北京大学出版社,2018.5
ISBN 978-7-301-29259-4

Ⅰ.①思… Ⅱ.①加… ②石… Ⅲ.①死刑—研究 Ⅳ.①D914.04

中国版本图书馆 CIP 数据核字(2018)第 033790 号

本书译稿由无境文化事业股份有限公司授权使用。

书　　　名	思索死刑 SISUO SIXING
著作责任者	〔法〕加缪　著　石武耕　译 吴坤墉　校阅
责任编辑	白丽丽
标准书号	ISBN 978-7-301-29259-4
出版发行	北京大学出版社
地　　　址	北京市海淀区成府路 205 号　100871
网　　　址	http://www.pup.cn
电子信箱	law@pup.pku.edu.cn
新浪微博	@北京大学出版社　@北大出版社法律图书
电　　　话	邮购部 62752015　发行部 62750672 编辑部 62752027
印　刷　者	北京中科印刷有限公司
经　销　者	新华书店 880 毫米×1230 毫米　A5　3.5 印张　46 千字 2018 年 5 月第 1 版　2020 年 11 月第 4 次印刷
定　　　价	32.00 元

未经许可,不得以任何方式复制或抄袭本书之部分或全部内容。
版权所有,侵权必究
举报电话: 010-62752024　电子信箱: fd@pup.pku.edu.cn
图书如有印装质量问题,请与出版部联系,电话: 010-62756370